ちくま学芸文庫

映画 視線のポリティクス

古典的ハリウッド映画の戦い

加藤幹郎

筑摩書房

映画　視線のポリティクス【目次】

謝辞

本書各章の論文はそれぞれ発表の時期も媒体も異なるが、基本的にすべてアメリカでのリサーチ中に胚胎したものである。国外での長期研究を可能にしてくれたのは、もっぱら日米教育委員会（フルブライト・プログラム）と京都大学総合人間学部の理解と寛容のおかげである。ここに改めて感謝したい。UCLAで多くの映画研究者にわたしを引き合わせてくれたのはニック・ブラウン教授である。ジョン・フォードの映画『駅馬車』に精緻なテクスト分析をほどこした彼の神話的論文はつねに立ち帰るべきわたしの出発点であった。NYUではボブ・スクラー教授がいつも便宜と啓示をあたえてくれた。彼の主著『アメリカ映画の文化史』が最近、講談社学術文庫として装いも新たに再版されたことは喜ばしいかぎりである。

初出誌の編集部の方々、わけても長年映画の本を手がけておられるフィルムアート社の奈良義巳氏、文芸誌に長文の映画論を掲載するという英断をくだされた集英社の釣谷一博氏、遅れがちの原稿をいつも辛抱強く待ってくださるみすず書房の郷雅之氏、そしてNYUの先達で元ダゲレオ出版編集部のとちぎあきら氏の四人にも、この場で改めてお礼申しあげたい。最終的に本書をこのようなかたちに纏めてくださったのは筑摩書房の淡谷淳一、面谷哲郎両氏である。またフィルム・ノワール『深夜の銃声』からイラストレーションを起こしてくれたのは清田もえこ氏である。その他多くのひとびとの理解と励ましなしには本書はありえなかったが、かれらの名前は小著の姉妹篇『映画ジャンル論　ハリウッド的快楽のスタイル』（平凡社）で改めて言及させていただきたい。

そしていつも専門家の立場から助言を惜しまれない斎藤綾子氏といつも丁寧に拙稿に目を通してくださる畏友田代真氏のおふたりに、ありがとうと申しあげたい。

映画　視線のポリティクス　古典的ハリウッド映画の戦い

まえがき

本書は古典的ハリウッド映画の製作様態を、もっぱら一九三〇年代後半から四〇年代前半の激動の十年に限定して論じたものである。

古典的ハリウッド映画とは、ハリウッド映画産業界の強力な支配形態（スタジオ・システム）のもとに製作されたフィルムを指している。一九三〇年代初頭から四〇年代末までにアメリカで製作された主流フィルムは、それ以前につくられたものとも、またそれ以後につくられるものとも決定的に違うあるたしかな特徴をもっている。それらは同じハリウッド映画という呼称にくくられながら弁別的な特徴をもっている。その特徴とはいかなるものであり、そしてその特徴はいかにしてつくられたものなのか、それが小著のリサーチの眼目である。

スタジオ・システム下では、監督も俳優も、キャメラマンも脚本家も、およそありとあらゆる映画製作要員は長期契約のもと映画製作会社にがんじがらめに拘束されていた。かれらの職人芸は、利潤追求を至上命令とする映画製作会社の方針のもと厳密に管理されていた。しかも、この時期の大手映画会社はフィルムの製作のみならず、配給から興行までを垂直的に支配し、一大シンジケートを築いていた。それによって、映画会社は自分たちのつくりたいフィルムをつくり、自分たちの見せたいフィルムを観客に見せることができた。そんなことは当たり前ではないかと思われる向きがもしあるとしたら、そうした向きには一九四八年、大手会社による映画の独占支配にたいして連邦最高裁が違憲判決をくだしたという事実を思いだしていただかねばならない。いいかえれば一九四八年、製作＝配給＝興行を一手にあやつる巨大システムに最初のひびがはいったのだ。そしてそれは同時に、古典的ハリウッド映画にとって最初の決定的な打撃となる。監督や俳優はもはや長期契約によってスタジオに縛りつけられることなく、自由に契約をとりかわすことができるようになり、観客の側もまた自分たちの見たい映画を会社側に要求できる素地ができたのだ。

その後さまざまな大小の映画的事件がつづくなか、古典的ハリウッド映画を完膚なきまでに打ち砕いた最後の事件は、一九六八年における映画製作倫理規定（プロダクション・コード）の破棄である。一九五〇年代になしくずしに破綻していったハリウッド映画産業界のこの自主検閲規定は、本書の眼目である第二次世界大戦下においてはまだ厳密に遵守運用されていた。そしてまさにそのことによって、映画製作倫理規定は古典的ハリウッド映画の内容とその表象パターンを実質的に形成していたのである。

以上のことは、ハリウッド映画史の常識の一部だが、小著の目的は、そうした常識が常識として固定するまえのアマルガムをもう一度正しく分析し直すことにある。いままで判然と見えなかった古典的ハリウッド映画の成立と変容の過程を、できるだけ正確に跡づけようというのである。

小著第1章は、第二次世界大戦下における映画製作倫理規定の運用の実態をあつかっている。自分の創造物に最後まで責任をもちたいと願う映画監督は、後顧の憂いなくフィルムを配給上映したいと願うスタジオ側と映画製作倫理規定管理局にたいして果たしてどのような攻防戦を展開するだろうか。

第2章は第1章と対構造をなす。実際、第1章と第2章は、ジャンルを代表するふたりの偉大な映画作家の対照的な生きざまについてふれている。一方は戦雲たちこめる時代に背を向け、他方はあえて戦雲のなかに飛び込んでゆく。ハリウッド映画界は全体として第二次大戦下においてどのようなアクションをとっただろうか。ハリウッドからワシントンへと飛ぶ、理想に燃える喜劇映画作家は、そこに映画製作倫理規定とはまたまったく別の検閲機構を発見しなかっただろうか。

第3章は、現実がたえず理想を裏切りつづける現場にいあわせた、ある黒人映画作家の「時代の証言」である。この黒人作家は、第2章に登場する理想に燃える白人映画作家（フランク・キャプラ）とどのように出遭いそこねただろうか。

そして第4章は、戦時体制を終えて戦後体制をむかえようとするハリウッド映画産業界が、どのように鋭敏に時代の流れに対応していったかを、フィルムの細部とともに検証する。そこではまたハリウッドの女性搾取の構造も明るみにだされるだろう。

最後に補遺として、映画製作倫理規定（プロダクション・コード）全文を訳出した。往年のハリウッド映画が論じられるさい、つねに言及される重要なコードでありながら、全文が日本語に移し替えられたのは、もしかしたらこれが最初かもしれない。本文を読まれるさい随時参照いただければと思う。

第1章　検閲と生成

スクリューボール・コメディ論

本章は映画の生成批評の試みである。古典的ハリウッド映画は、その企画構想から製作公開にいたるまで複雑にして多様なプロセスをへる。それはジェイムズ・ジョイスのような前衛小説家が自作を執筆、推敲、出版する、その困難なプロセスに比べてもなお途方もなくやっかいな仕事である。映画は、絵画や演劇のような他の先行諸芸術と比較してみずからを総合芸術と称することがあったが、そうした呼称もあながちハリウッド的な誇大妄想の所産としてかたづけられない一面がたしかにあるのだ。実際、一本の古典的ハリウッド映画の成立には、われわれの想像を絶するような複雑怪奇な手順と障碍が関与している。それゆえフィルムの生成過程を、その物語と肌理を中心に歴史的・社会的文脈のなかで考察しようという試みは、いまのところ皆無である。事実そうした試みはそれじたい一筋縄でゆくものではなかろうが、本章はUCLAリサーチ・ライブラリー所蔵の膨大な一次資料を手がかりに、古典的ハリウッド映画の生成過程のダイナミズムの一端を解明しようとする。

UCLAリサーチ・ライブラリーに収められているのは、ハリウッドの一流監督にして脚本家、プレストン・スタージェスの全映画をめぐるおよそありとあらゆる関連資料である。そこには何段階もの推敲をへた脚本から、フィルム編集のさいにでるカット尻を張り合わせた台帳まで、あるいは映画製作会社から監督への事務的連絡から監督個人の私的書簡まで、多種多様な資料がふくまれている。

こうした収蔵資料をさらに興味深いものにする理由のひとつは、映画作家プレストン・スタージェスの才能が開花したのが、もっぱら第二次世界大戦中であったという事実である。それはハリウッド映画産業界が長い停滞期から脱けだす飛躍の期間であり、それゆえまた悪名高い映画製作倫理規定管理局がその実力行使に一層みがきをかける時期でもあった。したがって旺盛な創作意欲を発揮するひとりの優秀な映画作家が、戦争と検閲という、時代の二大障碍とどのように戦い、かかわったのかということが本章の主眼となる。

サリヴァン　……何か傑出したもの、何かこう胸を張れるようなもの、社会的・芸術的メディアとしてフィルムの可能性をひきだすようなものをつくりたかったんだ。少しばかりセックスも入れてね。何か……

スタジオ重役　何かキャプラ的なものをって言うんだろう。

サリヴァン　キャプラのどこが悪いんだ。

——『サリヴァンの旅』より

プレストン・スタージェス・コレクション

ここにフランソワ・トリュフォーの書輸がある。UCLAプレストン・スタージェス・コレクションに収められた未公刊の書輸である。パリ滞在中のハリウッドの映画監督プレストン・スタージェスに宛てられたトリュフォーの書輸は全部で四通あり、そのうちの三通は、トリフォー自身がその常連執筆者であった映画雑誌『カイエ・デュ・シネマ』のレターヘッドが使われている。そしてそのなかの一通にはこうしたためられている。

『サリヴァンの旅』をはじめて見たのは私が十三歳のとき、たしか一九四七年のことだったと思います。その日以来、プレストン・スタージェスは私の最大の賞賛の的となりました。そして私は映画について書き――自分で映画を撮る日がくるのを待ちながら――あなたとお会いする日を心待ちにしてきたのです……(一九五四年八月二〇日づけ書翰[*1])。

結局このとき、この二人の偉大な映画作家の邂逅はならないが、プレストン・スタージェスがその頃パリに滞在していたのは、彼の最後の演出作品となる『フランス人、かれらはおかしな人種だ』(別題『トムプソン少佐の手帖』でも知られる)の撮影にかかっていたからである。

のちにヌーヴェル・ヴァーグの旗手として盛名をはせることになるフランソワ・トリュフォーが、十三歳のときはじめて見たという『サリヴァンの旅』は、一九四一年パラマウント製作のスタージェス脚本・監督の四作目にあたる。映画作家スタージェスの代表作は実際この不幸な時期(一九四〇―四四年)に集中しているから、トリュフォーが戦後になってはじめて『サリヴァンの旅』を見たというのも偶然ではないだろう。スタージェスのフィルムを大戦中のヨーロッパで見ることは容易なことではなかったはずだ。

同じことが日本についてもいえる。太平洋戦争中、アメリカ映画の輸入公開は中断し、その後二本(『結婚五年目』42年、『殺人幻想曲』48年)の例外をのぞいて、スター

『結婚五年目』のセットで演出中のプレストン・スタージェス。膝の上にクローデット・コルベール、傍でジョエル・マックリーが見守る。

ジェスの代表作は日本に輸入されないまま忘却の淵においやられた。誰もかつてプレストン・スタージェスという偉大な喜劇作家がいたことを思いだす者はなく、それどころかその忘却の事実すら隠蔽されている。そして皮肉なことに、この忘却の事実を思いださせてくれたのが、一九九〇年末の松下＝パナソニックによるMCA買収の報道である。アメリカの娯楽企業MCAは、一九四八年以前のパラマウント製作の映画の全権利を所有している。この権利が日本の企業に移ったということは、われわれは将来たとえTV放映やヴィデオやレーザーディスクのかたちであっても、日本にいながらにしてスタージェスの全代表作に接する機会をもちうるということである。

ここでは、そのきたるべき日に備えて、かつて果たされなかったプレストン・スタージェス導入を試みたい。*2

ところで一九九一年初頭の時点で、わたしがスタージェスの作品を網羅的に見ることができたのは、主にUCLA（カリフォルニア大学ロサンジェルス校）のフィルム・アーカイヴのおかげである。ここにはテレヴィ作品をふくめた二〇万タイトルのフィルムとテープが収蔵され、そのほとんどに対していつでも誰でも比較的容易にアクセスすることができる。すでに言及した（そしてこれからしばしば言及することになる）プレストン・スタージェス・コレクションもUCLAリサーチ・ライブラリー所蔵のものである。

　このコレクションは全体で一〇九個のカードボード・ボックスからなり、基本的にボックス一箱で一本のフィルムの全資料が閲覧できるような仕組みになっている。各ボックスには十束ほどの紙挟《フォールダ》みが入っており、そのなかに関係資料が挟み込まれている（したがって以下のコレクションからの引用は、このボックス・ナンバーとフォールダ・ナンバーによっておこなわれる）。たとえばボックス23は映画『サリヴァンの旅』の製作資料であり、そのなかに「イエロー・ページ」あるいは「イエロー・スクリプト」と呼ばれる脚本草稿（フォールダ6）から「ホワイト・スクリプト」と呼ばれる決定稿（フォールダ5）まで、また映画のなかで使用された曲の楽譜（フォールダ8）から「お笑い計《ラーフ・ミーター》」と呼ばれるもの（試写会で観客の笑いを誘った台詞や場面を数値化したもの、フォールダ1）まで、多種多様なドキュメントが収められている。プレストン・スタージェス・コレクションの全一〇九個のボックスは、こうした「フィルム・プロダクション」の資料を収めたもののほか、「プロダクション・マテリアル」を収めたボックス、映画業以外のスタージェスの副業（たとえばレストラン経営）の書類を収めたボックス、そして「書翰」を収めたボックスの四つに大別される。

　映画研究におけるこうした原資料の使用は、身体から手足をもぎとる鈍重な実証主義の陥穽に嵌まることを回避できれば、あわただしい映画製作の現場とそれが位置づけられる歴史的文脈とを意図的に無視した思弁的なテクスト分析（たとえばスティーヴン・ヒースがオーソン・ウェルズの『黒い罠』を分析するさいの方法）の隘路打開に充分貢献できるはずであるし、また無益な駄弁ばかりが浪費される昨今の映画批評の刷新にも充分対応できるだろう。そしてフィルム創造の具体的プロセスをめぐって展開する生成批評と、一個のフィルムの官能性を愛でるテクスト分析とを融合させること、それも本章の目的のひとつである。[*3]

ジャンルと作家

さて映画作家プレストン・スタージェスの主たる仕事が一九四〇年から一九四四年に集中していることはすでに述べた通りだが、この期間は実はもう一人の偉大な映画作家が逆にスクリューボール・コメディ（および人民喜劇）の製作をやめた時期とほぼ正確に重なる。そのもう一人の作家とはフランク・キャプラそのひとである。彼は一九三四年の『或る夜の出来事』から一九四一年の『毒薬と老嬢』まで、計七本のスクリューボール・コメディ（以下ＳＣ）と人民喜劇をつくっている。しかしジャンルと作家のこの幸福な蜜月は第二次大戦の勃発とともに終わりを告げる。キャプラは連邦政府に請われてプロパガンダ映画（「我々はなぜ戦うか」シリーズ他）の監修にあたることになるからだ。

キャプラの『或る夜の出来事』はSCという新ジャンルの誕生を高らかに宣言する（それは一九三〇年代から四〇年代にかけてレオ・マッケリー、グレゴリー・ラ・カーヴァといった才能ある映画作家たちへと継承される）。そしてキャプラの『毒薬と老嬢』はジャンルが誕生してまだまもないというのに、早くもSCが将来シチュエーション・コメディへと退化する運命にあることを予言する。キャプラが一人で始め、そして一人で終わらせようとしていたSC／人民喜劇というジャンルを、そのジャンルの創始者が文字通り不在のときに発展継承させようとした作家、それが本章の主人公プレストン・スタージェスなのである。

ジャンルと作家という言い回しをしたが、この一対の概念は一個のフィルムを記述するための座標軸である。ジャンルは一人の作家の作家生命をこえて複数の作家に共有可能なある想像力の型をあたえる。一方、作家は、そのはかりしれぬ想像力の息吹に応じて独自の主題と構造を産みだすが、その「独自の」主題と構造はジャンルの型からの偏差というかたちで測定可能な想像力へと還元しうる。そうして触知可能なものへと還元された個々の作家の想像力は総体として、ふたたび新たなるひとつの想像力の型へと鋳直すことができる。それがジャンルという名で呼ばれるものである。ジャンルと作家の関係はこうして解釈学的循環におちいるが、一個のフィルムという逃れがたく歴史的な産物を、作家生命の持続とジャンルの持続という映画史的な範疇のなかでもう一度正しく評定し直すという試みをいまやっておかなければ、映画批評と映画研究は現在それをしるしづけている頽廃から永遠に逃れ出ることはできないだろう。

もっとも、測定可能な想像力へと還元された作家という項がふたたびジャンルという項へ回付されるさい、それがその想像力の型の再定義を促さなければ、この試みには何の希望もない。しかし逆に、もしそのときジャンルの再定式化が可能になれば、その再定式に応じて作家の項も再度計測し直されるだろう。そして再計測のたびに対象の正確な把握が可能になり、そして尺度そのものの精度もあがる。しかもこのジャンル再定式化のプロセスは、ちょうど一人の作家が複数のジャンルを横断するように、ひとつのジャンルから別のジャンルへの焦点移動をともなう。一ジャンルの再定式化は、必然的にジャンル間の既存の境界の変更をせまらざるをえないからである。この意味でジャンル論はある特定のジャンルのみを記述するものではない。それは一ジャンルの枠内にとどまることができず、複数のジャンルを横断する。こうして作家とジャンルという二項間をほとんど際限なく往復することによって、フィルムという歴史的な産物を記述する批評言語じたいがある種の持続性を帯び、そのことによって映画批評／研究はその名に値する未来をかちとってゆくことができるだろう。

したがってスタージェスとキャプラの名は、たんに同時代の同じジャンルの作家として本章ならびに次章に呼びだされたわけではない。かれらの名に賭けられているものは、諷刺喜劇の亜種としてひとつの新しい映画ジャンルが誕生し、しかもその誕生の瞬間とほとんど同時にそれがまた別の（サブ）ジャンルへと変容してゆく事態に、時代のさまざまな要請に応えながらも時代に向かってみずからを発言する主体として、かれらが実際どのようにかかわっていったかをつぶさに観察することである。

フランク・キャプラと人民喜劇

さてそれでは映画作家フランク・キャプラが脚本家ロバート・リスキンとともに創始したスクリューボール・コメディ（および人民喜劇）とはいかなるものなのか。このジャンルの歴史的背景は次章にくわしいので、ここでは話をスクリューボール・コメディ（以下SC）の定義からはじめよう。

もっとも狭義のSCは、大金持ちのわがまま娘と彼女に当初心惹かれなかった変り者《スクリューボール》の男との戦いである。*4 無論その戦いは、それがコメディと呼ばれるからには、最終的に幸福な結婚生活を勝ちとるための戦いでなければならない。女と男はたがいに反目すればするほど、心を通わせ仲良くなってゆく。この狭義のSCとしてあげられるフィルムには、記念すべきSC第一号の『或る夜の出来事』（ジョージ・キューカー監督34年）や『赤ちゃん教育』（ハワード・ホークス監督38年）、『素晴らしき休日』（ジョージ・キューカー監督38年）などがある。そして当然ながら、SCのこの原型的主題はSC／人民喜劇の歴史のなかでさまざまに変奏される。

たとえば一九四一年のスタージェス自身の手になる映画『淑女イヴ（レディ・イヴ）』では、大金持ちは男（ヘンリー・フォンダ）のほうであり、女（バーバラ・スタンウィック）は無償の愛のためというよりも金のために男を誘惑する。女が変り者の男（しばしば世間知らずの初心な学者）に愛以外の目的で接近するという、このSCの新パターンは、同じ年に同じ女優をつかってつくられる他の二本のジャンル映画——SC『教授と美女』（ハワード・ホークス監督）と人民喜劇『群衆』（フランク・キャプラ監督）——でもほぼ正確に反復される。そもそもなんらかの目的のために男に近づく女という役柄は、すでに古典的メロドラマ『ステラ・ダラス』（キング・ヴィダー監督37年）の頃から女優バーバラ・スタンウィックの嵌り役であり、それは極端な場合、フィルム・ノワール『深夜の告白』（ビリー・ワイルダー監督44年）のように金のために夫や恋人を死にいたらしめる蜘蛛女の役となる。スタージェス、ホークス、キャプラといった鋭敏な喜劇作家は、そうしたバーバラ・スタンウィックを自分の喜劇映画でつかうことが、それまでの喜劇映画のパターンにどのような変化をもたらしうるかよくこころえていたようである。

一方、『淑女イヴ』の脚本を準備中のスタージェスからすれば、前二作（『偉大なるマッギンティ』『七月のクリスマス』ともに40年）の批評的・商業的成功を理由に、会社側に、当時最高のサラリーをとっていた大女優スタンウィックを「イヴ」役にむかえることを要求できることは明らかだった（スタージェスはすでに『あの夜を思いだして』［ミッチェル・ライセン監督40年］で、この大女優のために脚本を担当している）。さらに別の観点からすれば、SC（および人民喜劇）におけるこの物語パターンの小さな変化は、円熟し最盛期をむかえた新ジャンルが（一九四一年の一年間に製作公開された、言及に値するSC／人民喜劇だけでも優に一ダースをこえる）、同じく円熟期をむかえた才能ある女優によってどのような影響をこうむるかということを端的に物語る例でもある。ジャンルは、それが内包する一女優によってすらも、期が熟しさえすれば質的に変化する。このことは『淑女イヴ』の三年前につくられたSC『美人は人殺しがお好き（マッド・ミス・マントン）』（リー・ジェイスン監督38年）と『淑女イヴ』を比較すればより明瞭である。このMの頭韻を踏んだSCは、『淑女イヴ』とまったく同じ配役のカップル（バーバラ・スタンウィックとヘンリー・フォンダ）を用いながら、物語パターンは狭義のSCのままである。すなわち同年製作の『赤ちゃん教育』同様、上流階級のエキセントリックな美女に男がふりまわされるという従来のパターンを踏襲するのである。『美人は人殺しがお好き』から『淑女イヴ』への変化は、たとえそれが同じ俳優をつかい、同じジャンルの枠内で、（そして場合によっては同じ作家によって）つくられたとしても、一個のフィルムはつねに一瞬一瞬の時代の空気の変化を正確に反映する、示唆的なフィルムとなることを示している。

さて話をSCの定義にもどせば、もっとも広義のSCは、愛の絆を深めるために戦われる両性間の風変わりな戦争ということになる。これに対してキャプラの人民喜劇はどのように定義されるだろうか。

そもそも人民喜劇の人民とは何をさすのか。それはリンカーンが「人民の、人民による、人民のための統治」というときの「人民」に近い。リンカーンの政治理念は中流階級の理念(勤勉、倹約、向上)であり、事実、彼が合衆国第十六代大統領になったのは、そうした人生訓によるところが大きい。個人の自助努力による成功は一般的アメリカ人の抱くひとつの伝統的理想像である。こうした理念はさらに「人民主義」的理念によってより人道的なものに変えられる。「人民主義」を奉じるひとびとは善意と隣人愛を強調し、富める者が貧しき者の自助努力を助けることによってアメリカ社会は順調に発展してゆくと信じる。あと必要なのは機会均等の原理だけである。キャプラの人民喜劇がえがくのは、そうした「人民主義」的理念を忘れた冷たい都会、腐敗した民主主義社会、一般国民をおきざりにしたワシントンに、そこに住む者からすれば変人《スクリユーボール》にしか見えない主人公が乗り込んでいって、そこを浄化するという物語である。とりわけ人民喜劇三部作と呼びうるもの(『オペラ・ハット』36年、『スミス都へ行く』39年、『群衆』41年)が大恐慌の不安をひきずる時代につくられたことは興味深い。なぜなら、それは合衆国第三二代大統領による「人民主義」終焉宣言(「機会の均等はもはや存在しない」)ののちにつくられることになったからである。*5

アメリカ産業資本主義の爛熟期が到来し、ニューディールとともに、リンカーンが信じた個人主義の時代は去り、アダム・スミスが信じた世界は御伽噺となった。そうした時期に懐古的とも時代錯誤的ともいえるキャプラの人民喜劇は登場するのである。

たとえば「ディーズ氏上京す」という原題をもつ『オペラ・ハット』では、田舎街に住む純真無垢な男ロングフェロー・ディーズ（ゲイリー・クーパー）が、ある日、莫大な遺産を相続する。彼はそれを貧しいひとびと（ただし農場で働く気のある失業者、つまり自助努力を惜しまない者）に分けあたえようとするのだが、ディーズの人の好さにつけこんで遺産を勝手に運用していた弁護士たちは、彼を禁治産者（いわばスーパー・スクリューボール）にしたてて裁判所に遺産凍結を申し立てる。そうした二重の社会悪というべきものに対して、この映画の主人公は持ちまえの機知と勇気をもって立ち向かい、資本家の不正と腐敗をただすところで物語はめでたく幕を閉じる。

こうした物語は明らかに過剰な「反資本主義的感傷」[*6]にひたされている。社会は善意と隣人愛を実践する牧歌的個人によって救われるのであって、けっして連邦政府主導の国家独占資本主義によってではない。キャプラのフィルムはそのように囁いている。しかし、あるいはそれゆえに時代はキャプラの人民喜劇を熱狂的に歓迎するのである。

しかるにキャプラが栄光の絶頂で、さながらサリヴァンのようにハリウッドを捨て、軍人として生きる決意をするのは、一九四一年冬、苦労に苦労を重ねた人民喜劇『群衆』の編集を終え、嬉々として擬似ＳＣ『毒薬と老嬢』を撮影していたときのことである。撮影日程をあと一週間のこしたところで十二月七日の不幸なニュースが彼の耳に入ってくる。パールハーバー奇襲のその翌日、彼は自分がキャプラ少佐と呼ばれることに同意する。*7

署名のないフィルム

「これはパールハーバーに奇襲を受ける前に撮られた誠に時宜をえた映画である」。合衆国陸軍通信隊製作のある短篇映画が、このような自画自讃のクレジット（字幕）を入れたうえではじまる。

まず港に停泊中の客船のショットがある。その客船（のセット）からトレンチコートに身を包んだ怪しげな男たちが飛びだすように下船したかとおもうと、客船はいきなり爆発炎上する。そしてこのスパイ・ドラマじたての短いシークェンスに、ニューズリールから引用された実写シーン（災上する客船にむかって放水する消防船の勇壮なロング・ショット）がつなげられ、事態はいっそう迫真性を増すことになる（なにしろ映画は合衆国に参戦をうながしたあの忌まわしい事件に言及することからはじまるのだから）。この破壊工作のシークェンスのあとにも映画はまだつづくのだが、それについては後ほどもう一度たちもどることにしよう。*8

要するに、このフィルムはいま合衆国がいかに枢軸国破壊工作員の脅威にさらされているかを強調するプロパガンダ映画なのだが、戦時中、全米の映画館で他の商業映画とともに上映されたこの手の短篇映画は枚挙に暇がない。映画芸術科学アカデミーを通して陸軍通信隊の依頼を受けたハリウッドの各映画製作会社は、自社の一流の監督、スターを動員して銃後の戦時体制強化に協力する。たとえば古典的メロドラマ『哀愁』（40年）の監督マーヴィン・ルロイすらもが、一流俳優ジェイムズ・キャグニーをつかってメロドラマじたての短篇プロパガンダ映画『おい、ジョン・ドウ』を演出するだろう。直接敵の姿を見ることのない銃後《ホーム・フロント》にそれなりの危機感と緊張感をもたせるもっとも効果的な方法。それは合衆国内の幸せな家庭生活と他の連合諸国の惨状とを比較してみせることである。かつてギャング映画でならしたジェイムズ・キャグニーは、この短篇映画ではまぎれもない市井の一愛国者（ジョン・ドウ）として米国本土空襲の危機に備えてみせる。

しかし、われわれの文脈で問題なのは、こうした短篇プロパガンダ映画の多くが今日ほとんど忘れさられているということである（実際それらを一般の劇場で見ることなどまず期待できない）。それらの映画はたいていのフィルモグラフィから漏れている。

今日だれがどのようなプロパガンダ映画をつくり、そこにだれが出演しているかということを正確に調べようとすれば、一筋縄ではいかないだろう。そうした作業を一層困難にするのは、先の陸軍通信隊製作プロパガンダ映画には監督の名も俳優の名もクレジットされていないという事実である。そしてそもそもそうした映画にはしばしばタイトルすらもが欠落する。

本節冒頭に素描したプロパガンダ映画も、じつはそうした無署名の無題フィルムの一本である（ただし『軍事安全広報』なる非特定的タイトルは添えられている）。しかしフィルムに作家の名が見あたらなくとも、それがまぎれもないプレストン・スタージェスの映画だということは、だれの目にも明らかなように思われる。なぜなら映画冒頭にあらわれて爆発炎上する豪華客船はＳＣ『淑女イヴ』（プレストン・スタージェス監督41年）のセットの使い回しのように見えるし、仮にそれが偶然の一致だとしても、エディ・ブラッケン演ずる兵士がバーのカウンターから恋人に電話をかける『軍事安全広報』のシーンは、だれが見ても『凱旋英雄万歳』（プレストン・スタージェス監督44年）のシーンそのままだからである。スタージェスが演出とともに脚本を手懸けた『凱旋英雄万歳』というフィルムのアイディアの核は、実際このバーのカウンターに所在なげにたたずむ軍服姿のエディ・ブラッケンにほかならない。

話を整理しよう。いま比較しているのは同一作家による（と思われる）二本のフィルムの同様のシーンである。一方に署名のない、しかし製作年だけは一九四一年十二月以前だということがわかっている（ただし冒頭のクレジットを信用すればの話だが）プロパガンダ映画（フィルム1）があり、他方にプレストン・スタージェス監督の『凱旋英雄万歳』という擬似人民喜劇（フィルム2）がある。そして両者は同じひとつのアイディアを核に成立している。すなわち軍服の似合わないエディ・ブラッケンがバーから女性（恋人／母親）に電話するというものである。エディ・ブラッケンに軍服姿が似合わないというのは、彼がつねに情けないほど心優しい若者を演ずる喜劇俳優だからであり、そんな彼に峻厳な軍務につくことを期待することなどおよそできない相談だからである。そして事実フィルム1もフィルム2も、エディ・ブラッケンのそうしたペルソナにもとづいて構成されている。つまりフィルム1は、「迂闊な軍人」エディ・ブラッケンの公衆の場での不用意な発言がたまたま傍らにいた破壊工作員の耳をとおして軍事機密漏洩につながり、ひいてはそれが大惨事をまねくことになるという警告が込められているがゆえに、銃後の戦時体制強化をはかるプロパガンダ映画たりえている。他方、フィルム2では、故郷の期待を一身にせおって出征したかつての英雄の息子エディ・ブラッケンが手柄をたてるまもなく花粉症で除隊となり、帰郷しづらくてそのままずるずると何か月もバーにたむろしている。そんなおりにバーで知り合った六人の軍人にむりやり母親に電話させられ、英雄として故郷に凱旋するはめになるという出だしの物語である。あとは「嘘からでた真」というスタージェス的物語定式にそって、町全体を巻き込む政治的大騒動ののちにエディ・ブラッケンは真の英雄となるだろうし、そしてそのプロセスが、一人の純真な青年が共同体を浄化するというフランク・キャプラ的主題に類似するがゆえに、フィルム2は擬似人民喜劇たりうるだろう。

しかしフィルム1とフィルム2はともに戦時中に公開されながら、エディ・ブラッケンの反時代的ペルソナ（「迂闊な軍人」「武器をとれない軍人」）を強調することによって、戦争という深刻な問題の所在を稀薄化してしまう。この点でスタージェスの同時代人、とりわけフランク・キャプラがつぎつぎと申し分のない戦意昂揚映画をしあげていったことと、これは鮮やかな対照をなすし、またほぼ同時期に同じように擬似軍人を素材にし、同じように戦意昂揚には無縁でありながら、SC『生きるべきか死すべきか』（エルンスト・ルビッチ監督42年）は、『凱旋英雄万歳』には微塵もみあたらない戦争という名の狂気にたいする痛烈な諷刺精神をもっていた。たしかにスタージェスは、自作映画の主人公の口からも言わせるように、「ルビッチやキャプラとも違った」映画作家なのだ。

世界の中心ハリウッド

こうしてもし作家プレストン・スタージェスがプロパガンダ映画を撮ろうが喜劇映画を撮ろうが、形式に関係なくつねに無償のスクリューボールを追求することしか念頭になかったとすれば、それはスタージェスがいかに同時代のキャプラと対照的な人生を生きたかということをフィルムの具体的な水準で立証するだろう。*9

映画監督フランク・キャプラは一九四二年から四五年まで陸軍将校として、じつに十七本ものプロパガンダ映画の監修にあたっている。それは軍当局から押しつけられる素材の窮屈な枠組みのなかで演出と編集にあたるスタッフに、たんに上から指示をあたえるだけの仕事ではなかった。戦意昂揚映画監修者としてのキャプラの仕事がいかに困難をきわめたかは次章にくわしいので、ここではキャプラ組が『黒人兵』(スチュアート・ハイスラー監督44年)といった、黒人を「白人の戦い」に動員するためのプロパガンダ映画を製作したという事実に言及するにとどめよう。製作当事者がそれをプロパガンダと呼ぶことを好むわけがない以上、オリエンテーション・フィルムと呼びかえられた『黒人兵』は、ハリウッド映画はじまって以来の白人の手になる親黒人映画である。アメリカの参戦が、ファシズムの魔の手から自由と民主主義を守る戦いであるという大義にもとづいている以上、国内にナチズム同様の人種差別的イデオロギーが認められてはならない。たとえそれがプロパガンダ映画という欺瞞の枠組みのなかであっても、『黒人兵』が、『国民の創生』(D・W・グリフィス監督15年)以来貶められてきた黒人の映画的表象を償いえたかにみえるのは、戦前の喜劇映画から一貫するキャプラの人民主義的主題によるものである。人民喜劇は隣人愛と機会均等の原理によって共同体を資本主義的疲弊から救いだすことを提唱する。キャプラのプロパガンダ映画は実際他の多くの作家の作品同様、あるいはそれ以上にきまじめな戦意昂揚映画たりえているが、それは相手が全体主義であれ国家独占資本主義であれ、自由と敵対するものとは断固戦うという素朴な企図において、彼のプロパガンダ映画が人民喜劇と軌を一にするからである。

そして同じ喜劇映画作家としてのプレストン・スタージェスに欠落しているものが、まさにそうした映画の社会的ヴィジョンであり、時代に向かって発言してゆこうという気概である(彼のプロパガンダ映画はといえば、前述した十分たらずの短篇映画一本しか見あたらない)。スタージェスの眼中にはハリウッドしかない。キャプラの目がワシ

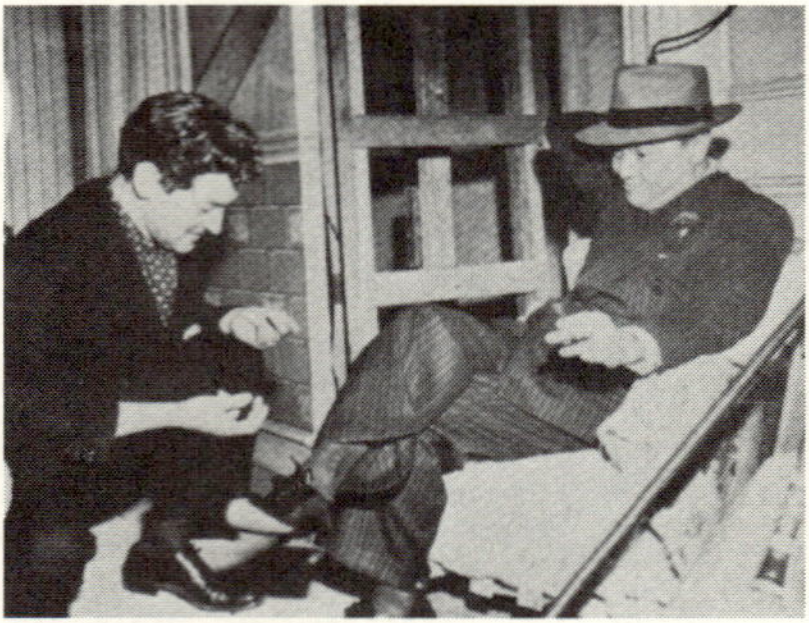

『サリヴァンの旅』のセットで…プレストン・スタージェス（左）と「バディ」・デシルヴァ（右）

ントンに向いている四年（一九四二―四五年）のあいだ、スタージェスはキャプラの創始したSCと人民喜劇を自家中毒ぎりぎりの手つきで自家薬籠中のものにしてゆくのである。

とはいえキャプラが人民喜劇三部作を完成させようと呻吟している一九四〇年から四一年にかけて、スタージェスははやくもふたつの傑作コメディ（SC『淑女イヴ』

と擬似人民喜劇『サリヴァンの旅』）を発表している。とりわけ後者は、キャプラの名が直接主人公の口から発せられることからもわかるように、ハリウッドそのものにたいする自己言及的な注釈においてスタージェスの特異性がよく示されたフィルムである。人民喜劇は本来なら理想社会の可能性を啓示するはずだが、『サリヴァンの旅』では逆にその不可能性がキャプラの後期人民喜劇『群衆』以上にアイロニカルに浮き彫りにされるのだ。

『サリヴァンの旅』の主人公サリヴァンはハリウッドの人気喜劇映画監督だが、「社会的・芸術的メディアとしてフィルムの可能性をひきだすようなものを、少しばかりセックスも入れて、しかしルビッチやキャプラとも違った映画を」つくろうと思いたち、社会の底辺をささえる一般大衆の意識調査のために身をやつして旅に出る。しかし旅路の果てに彼が得た結論は、大衆が必要としているものは「社会的・芸術的」映画よりも、むしろハリウッドの伝統にそくした昔ながらの素朴な喜劇映画だということである。サリヴァンの旅はハリウッド否定にはじまったがゆえに、より強いハリウッド肯定で終わる。ここにはハリウッドの底なしの自己肯定とともに、作家スタージェスの徹底したハリウッド中心主義的態度がみてとれる。世界の中心はつねにハリウッドにあるのである。

笑いの数値化

『サリヴァンの旅』のように、ハリウッドの世界から脱け出すことのできないハリウッドの住人を描いたループ状の自己言及的な映画としてだれもがすぐに思いだすのは、フィルム・ノワールの傑作『サンセット大通り』(ビリー・ワイルダー監督50年)だろう。プールに浮かぶ死体によって回想されるこの暗澹たる物語の主人公は人気監督ではなく、時代から忘れられた老女優と売れない脚本家だが、この映画『サンセット大通り』の監督ワイルダーと『サリヴァンの旅』の監督スタージェスとの共通点がもうひとつある。それはかれらがともに脚本家出身の監督だということである。しかしワイルダーが自作をチャールズ・ブラケットとの共同脚本というかたちで責任分担していったのに対して、スタージェスのパラマウント時代の八本の代表作はすべてスタージェスひとりの手によって執筆されている。脚本と演出というこの困難な二重作業はひとりの映画作家のなかで一体どのようになされたのだろうか。

UCLAプレストン・スタージェス・コレクションに収められた製作資料を繙けば、さきにふれた、戦時中に製作公開された『凱旋英雄万歳』の場合、原案執筆から映画公開までおよそ次のような段階をへたことがわかる。

一九四三年
5月29日　『凱旋英雄万歳』原案（2ページ）執筆。
6月3日　第二案（1ページ54行詰めで13ページ）執筆。これは11日にパラマウン
～11日　ト製作部に提出され、ただちに製作進行の許可がおりる。
7月8日　脚本（「イエロー・ページ」）脱稿。
7月12日　撮影台本（「ホワイト・スクリプト」）完成。
7月14日　撮影開始（9月7日撮影終了予定）。
9月20日　ダイアローグ・コンティニュイティ（台詞中心に再構成したスクリプト）完成。この日までにおおよその編集が終了。
11月4日　音楽完成。
11月22日　第一回試写会。
12月10日　スタージェス、パラマウント社との契約失効。
12月17日　第二回試写会（ただし書類上は12月9日におこなわれたことになっている）。[*10]

一九四四年
1月　パラマウント製作部長B・G・「バディ」・デシルヴァによる再編集。
2月　第三回試写会。
3月30日　スタージェス、エンディング再撮影用台本を執筆（4月上旬撮影）。
4月　スタージェス、デシルヴァによる再編集版を再々編集。
8月　一般公開。*11

原案執筆から撮影開始までわずか一か月半、撮影に二か月弱、そして粗編集完成までに十日ほどしかかかっていない。わずか四か月たらずで傑作喜劇映画『凱旋英雄万歳』の枢軸がしあがっているのである。ここからあと公開にこぎつけるまでに一年近くを要することを考えると、ここまではまことに順調な仕事ぶりだといわねばならない。これはなにもパラマウントとの契約切れが真近にせまっていたからではなく、他のフィルムの場合も同様である。たとえば『サリヴァンの旅』は中断のため脚本執筆こそ三か月かかっているものの、撮影は同じように二か月弱であがっている。次頁の表は、実際スタージェスがパラマウント社にとっていかに有能な監督であったかを示

	GM	*CJ*	*LE*	*ST*	*PBS*
撮影の予定日数	36	27	39	45	42
実際の撮影日数	33	27	41	54	56
一日あたりの平均台本消化ページ数	4	$4\frac{1}{4}$	4	$2\frac{3}{5}$	$2\frac{3}{4}$

GM＝『偉大なるマッギンティ』40年　*CJ*＝『七月のクリスマス』40年　*LE*＝『淑女イヴ』41年　*ST*＝『サリヴァンの旅』41年　*PBS*＝『結婚五年目』42年

す具体的な数字である。*12 彼は撮影予定日数を大幅に超過することのない模範的な契約監督だったのである。

さて一九四三年六月三日からはじめられた『凱旋英雄万歳』第二案の執筆は十一日早朝に完成する。構想と執筆が夜を徹してすすめられたことは、この第二案の最終ページに記されたスタージェスの次のような自筆メモにも明らかである。「午前六時十五分。プレストン・スタージェスがしゃべり書き、エルンスト・レムリが口をはさみ、フランク・モランがコーヒーを煎れ、ジーン・ラ・ヴェルが書いた——彼女の魂にやすらぎあれ」。最後に祝福の言葉とともに言及されるジーン・ラ・ヴェルという女性は、スタージェスの数年来の愛人であり秘書である。スタージェスの口述筆記のみならず、訂正に訂正を重ねた原稿を清書するのもまた彼女の役目であった。こうしてできあがった『凱旋英雄万歳』の骨子は、二日後の六月十三日からいよいよ本格的な脚本へと肉づけされる。

『凱旋英雄万歳』の脚本草稿は、まず藁半紙のような粗雑な紙にシークェンスごとにタイプされる。そのタイプ原稿にはスタージェス自身が鉛筆で加えた訂正と、口述筆記中、その場で削除訂正された部分とが散見される。たとえば第二八代合衆国大統領と同じ名をもつ主人公のウッドロウ（エディ・ブラッケン）が自分は本当は英雄でも何でもないことを恋人リビィに告白する重要な場面には、次のような複雑な訂正跡がのこっている（——部は削除箇所、そのあとにつづくゴチック文字はスタージェス自身が鉛筆で書き加えたもの、……部はタイプライターによる削除）。

ウッドロウ　僕のこと嫌いになっただろう。
リビィ　嫌いですって？　~~愛してる人をどうして嫌いになれるっていうの。~~**愛**
してるのにどうして嫌いになれるの。
何百人どころか一人の日本人《ジャップ》も殺さなくたっていいの。
あなたがそんな血に飢えた狼じゃなければいいのにと思ってたくらい
よ。
ウッドロウ　殺しちゃいないよ。きみの願いどおりだよ。殺しちゃいないよ。
リビィ　（宥めるように）もちろんそうよね。敵の機関銃を奪わなくたっていいの。ほんとにそんな血に飢えた狼じゃなければいいのにと思ってたくらいなのよ。*13

しかもこれが七月六日づけの最終稿になると、さらに次のように大幅に書き替えられる。

ウッドロウ　僕のことを軽蔑してるだろう。
リビィ　軽蔑ですって！　たとえほかの人と婚約してても、愛してる人をどうして軽蔑できるっていうの。もう少しでお別れだから……これで最後だから言ったほうがいいわよね……命のつづくかぎり、あなたを愛してるわ。
ウッドロウ　いやそうじゃないんだ、僕の言いたいことは。僕はぺてん師なんだ、偽物なんだ、僕は……
リビィ　（すすり泣きながら）いいの、わかってるわ……わたしのために言ってくれてるんでしょう。でももういいの。わたしはもう、わたしは……*14

これはかつて恋仲であった男女が、この映画のなかで唯一、二人きりになるロマンティックな場面である。もうすぐ別の男と結婚式を挙げることになっているリビィは、ウッドロウに愛の告白をしてもらいたがっている。ところがウッドロウのほうは自分が「偽物」の英雄でしかないこと告白しようとしている。たがいに相手の気持ちが読めない喜劇ならではの行き違いの場面である。男は自分が偽英雄だということに後ろめたい気持ちを抱き、女のほうもまた男が出征中に別の男と婚約したことにやはり罪の意識を抱いている。それがたがいにたがいの足枷となって素直に自分の気持ちを相手に打ち明けられないこの場面は、いかにもロマンティック・コメディ的な山場である。先に引いた草稿と比較すると、この最終稿がより高度の喜劇的紛糾に達していることは明らかである。

最終稿では結局ウッドロウの偽英雄告白は、市長選演説会壇上でおおぜいの聴衆の前でおこなわれる（これはキャプラの『群衆』の山場を想起させる）。その勇気ある行為が結果的に彼を真の英雄たらしめ、それゆえ草稿における「何百人もの日本人《ジャップ》」を殺した蛮勇ある「戦争英雄」というくだりは最終稿では不必要となり削除される（そして実際の撮影もほぼこの最終稿通りにおこなわれる）。

脚本草稿はこのように最終稿にいたるまでに削除と加筆を何度となくくりかえされ

る。それはときに文字通りばらばらに切り離されたうえでふたたび一枚の台紙に張り合わされたり、あるいは余白に脚本の細部の確認を依頼する「作者注」がいかにも窮屈そうに書き込まれてあったりする。こうして漸進的に完成に向かう草稿は、ひととおり推敲がすむと同じタイピストの手によってもう少し上質の黄色紙に清書される。草稿から最終稿まで、各シークェンスごとにほぼ並行して作業が進められるのである。そしてこの段階の脚本が「イエロー・ページ」と呼ばれ、上質白色紙にタイプされた撮影台本用の「ホワイト・スクリプト」とは区別される。

こうした複雑なプロセスを通して七月十二日、ついに撮影台本(「ホワイト・スクリプト」)が完成する。そのあと撮影、編集、試写会、そして一般公開とことは順調に運んでゆくようにみえたのだが、すでに述べたように第一回試写会ののち、スタージェスとパラマウントのあいだの契約が失効する(しかも監督スタージェスはパラマウントと、パラマウント社首脳部はスタージェスと、それぞれ再契約する気はもはやないのである)。[*15]それゆえスタージェスが会社を去ったあと、製作部長は編集済みのフィルムに勝手に鋏を入れ、その結果、最終的にスタージェスがこの一大傑作(『凱旋英雄万歳』)に責任を負いかねる状態にまで事態は悪化する。

問題は覆面試写会にあった。試写会は、観客の声を製作サイドに反映させようとい

『凱旋英雄万歳』の「お笑い計」数値

	第一回試写会	第二回試写会
評価　1	152	110
評価　2	116	89
評価　3	39	19
評価　4	2	0
総　　計	309	218

「お笑い計」の総計比較

『凱旋英雄万歳』	309
『結婚五年目』	302
『フィラデルフィア物語』（J・キューカー監督40年）	256
『淑女イヴ』	238
『サリヴァンの旅』	203―215
『奥様は魔女』（P・スタージェス製作、R・クレール監督42年）	143

う企図のもとにおこなわれるが、喜劇映画の試写会では驚くべきことに「お笑い計《ラーフ・ミーター》」と呼ばれる文字通り笑いの数値化がおこなわれる。これは観客の笑いを誘った台詞や場面を四段階評価で集計したもので、評価1がくすくす笑い、評価2が普通の笑い声、評価3が爆笑、評価4が狂乱の悲鳴と説明されている。試写会のあいだ、観客席でどの程度の笑いがそれぞれ何回おきたかが台詞・場面ごとに細かくチェックされ、たと

えばくすくす笑いが計一五二回、爆笑が三九回おこったという具合に集計され、首脳部に報告される。前頁上表は『凱旋英雄万歳』の二回にわたる試写会のそれぞれの「お笑い計」の集計結果である。[*16]

第一回試写会に出された総計三〇九回という「お笑い計」の数値が相対的に何を物語るのかを知るためには、他のフィルムと比較しなければならない。実際、プレストン・スタージェス・コレクションには、前頁下表のような「お笑い計」総計比較表が収められていた。[*17]

この資料を見るかぎり、『凱旋英雄万歳』は問題含みどころか、もっとも良くできた喜劇映画のひとつだということが「客観的に」も判断できそうである。しかしもうひとつ、試写会につきものの観客アンケートの結果が致命的だった。アンケートの質問事項のひとつに次のようなものがある。「この映画のどの部分をカットすべきでしょうか?」これに対しては多くの回答がよせられ、「エンディング」「頭と最後が長すぎる」「出だしが悠長」「最後が少しのろすぎる」「市長のスピーチが多すぎる」というように、エンディングの手直しと全体の短縮を観客は求めたのである。「今年度の最高傑作のひとつ」[*18]という紋切型の誉め言葉も散見される一方で、そうした観客側の直截な反応はプロデューサー、B・G・「バディ」・デシルヴァには当然至極のように思われたらしい。この名ばかりの「相棒(バディ)」は監督スタージェスがパラマウント社を去ったのち、『凱旋英雄万歳』の「長ったらしいおしゃべり」の部分をスタージェスの承諾なしに一方的にカットさせる。この事件は、映画監督が自作に最終的な責任を負えないという、映画史上、それ以前もそれ以後も幾度となくくりかえされてきたありふれた事件のひとつでしかない。しかし、これはまたハリウッドの映画体制があくまでも観客多数派の嗜好によって形成されているという素朴な事実を思いおこさせるに充分なエピソードであろう。というのも、このデシルヴァの改竄には後日談がつくからである。プロデューサーによる再編集後、『凱旋英雄万歳』の通算三度目の試写会がおこなわれるが、このときの観客の反応は（当然ながら）スタージェスのオリジナル版以上に冷ややかなもので、結局フィルムはもう一度監督の手にもどされることになるからだ。作品を作家の手から取りあげるのが観客ならば、もう一度作家の手にもどすのもまた観客である。すべては観客の思いのままなのである。

こうしてスタージェスはデシルヴァの改竄から自分の映画を救うために、パラマウント退社から三か月、映画撮影終了から半年も経った一九四四年三月、いっさいの報酬の約束なしにふたたび、しかし一時的にパラマウント・スタジオにもどり、エンディングの再撮影と全体の手直しをはかることになる。

プロデューサーによる改竄が具体的にどのようなものであったかは、それを証言する資料がのこされていない以上、ここではっきりしたことは何もいえない。しかし観客アンケートの回答から推測すれば、長すぎるとおもわれる台詞をフィルムの頭と最後を中心に各場面から少しづつ間引いていったことは確かだろう。一方、スタージェスがデシルヴァの改竄を受けて、最終的にどこをどのように編集せざるをえなかったかということは、今日われわれが手にしている(a)完成フィルムと(b)残された撮影台本(「ホワイト・スクリプト」)、および(c)最初の編集のさいに台詞中心に再構成された脚本(ダイアローグ・コンティニュイティ)の三つのヴァージョンを比較すればある程度窺い知ることができるはずである。実際、『凱旋英雄万歳』のこの細部にわたる比較検討がニューヨーク州立大学のブライアン・ヘンダースンの手によってすでにおこなわれている。*19 彼のリサーチによれば、(b)と(c)のあいだにはそれほど大きな異同は見当らない。つまり撮影中に台本に変更が加えられることはほとんどなかったのである。したがって(a)と(b)を比較すれば、カットされた箇所はほぼ同定できる。しかし、それがまずプロデューサーによってなされ、そしてその後監督がそれをよしとしたのか、それとも最初から監督の手によってなされたのかはわからない。重要なことは、このカットと再々編集が結果的には映画全体に理想的なリズムとスピードをあたえたということである。それが曲者、変人ぞろいの登場人物たちに、その名に価するスクリューボールな魅力をあたえたのである。しかし、それでも『凱旋英雄万歳』は、上映時間一〇一分と、パラマウント時代に撮られたスタージェスの全八本のフィルムの平均上映時間八九分を大幅にこえるもっとも長尺なフィルムとなったのである。

検閲と生成

ここまでは主にふたつの点をめぐって議論を展開してきた。①戦争という時代の大渦のなかに呑みこまれまいとする作家の浮標、そして②巨大娯楽産業としての映画製作会社とそこに契約関係で繋がれている作家との確執である。本節では、これら作家＝会社＝時代の三項を、いかにもハリウッド的というしかない均衡感覚によって中継する第四項、すなわち映画製作倫理規定管理局の仕事ぶりについて、必要にして具体的なテクスト分析を織りまぜながら考察したい。まずひとつの興味深い手紙の引用からはじめよう。ハリウッドの自主検閲組織からスタジオに宛てられた検閲結果の報せである。

一九四〇年十月九日
カリフォルニア州ハリウッド
パラマウント・スタジオ
ルイジ・ルラスチ殿

拝啓

一九四〇年十月七日づけで提出いただいた映画『淑女イヴ』の脚本、拝読いたしました。残念ながら現行版には映画製作倫理規定《プロダクション・コード》の観点から承服しかねる点があります。脚本の70頁から74頁にかけて、ふたりの主役のあいだで性的関係がもたれるかのような箇所がありますが、しかるべき倫理上の配慮がなされないかぎり、このままでは映画製作倫理規定違反にあたり、この箇所は完成した映画からそっくり削除されることになります。

　さらに以下疑問の余地のある若干の台詞について貴下の注意をうながしたく思います。（中略）

敬具

ジョセフ・I・ブリーン[*20]

この手紙の宛名ルイジ・ルラスチは映画製作会社パラマウントの法律調査部担当である。彼の仕事は検閲や著作権問題の迅速な解決のために、あるいは世界市場をにらんだ映画づくりのために、作家スタージェスの仕事を法と規則の立場から助言補佐することにある。会長の名をとって「ヘイズ・オフィス」、正式にはＭＰＰＤＡ（アメリカ映画製作者配給者協会）と呼ばれる産業界の自主検閲機構の、実行組織「ブリーン・オフィス」（正式にはＰＣＡ＝映画製作倫理規定管理局）から届いた先の手紙も、ルイジ・ルラスチを経て監督スタージェスへと回付されることになっている。この検閲機構の指示系統はおよそ次のように概略できる。

ＭＰＰＤＡ
（ヘイズ・オフィス）
↓
ＰＣＡ
（ブリーン・オフィス）
↓
スタジオ各社法律調査部
↓
映画監督

それにしても十月七日づけで提出された脚本の検閲結果が二日後にはもうスタジオ側に通達されるのだから、ブリーン・オフィスの実務処理能力はスタジオ側の利益にかなった理想的なものだったといわねばならない。この検閲結果をうけて作家スタージェスはさらに改稿を重ね、おそくとも十月十八日には決定稿（ホワイト・スクリプト）を完成させる。翌十九日にはスタジオ側から全スタッフ、キャストの一覧表が配布され、待ちに待った撮影開始日が十月二一日、撮影終了予定日が十二月五日であることが関係者全員に正式に通達される。[*21]

われわれは一九三〇年から三四年にかけて映画製作倫理規定《プロダクション・コード》が成立し、それがその後長いあいだ（実質的に一九六六年まで）米国のフィルムの性、暴力、犯罪、宗教等の描写を事細かく規制してきたことを知っている。しかし、それが映画製作の現場で実際どのような強制力あるいは柔軟性を発揮したのか、それが一人の作家の創造のプロセスにどのような役割を果たしたのか、そういうことについてわれわれはまだ何ひとつ確定的なことを知らない。つまり一本のフィルムの生成過程全体に映画製作倫理規定という罰則規定つきの規則がどのような作用をあたえたのかということは、日本はおろかアメリカでも厳密にはまだ何ひとつ明確にされていないのだ。[*22]

われわれの関心は作家と制度とテクストの関係にある。いかなるテクストも、またいかなる作家も、時代の制度的要請から完全に自由ではありえない。脚本家スタージェスと監督スタージェスはブリーン・オフィスによる改稿要請にどのように対応したのか。スタージェスが帰属するパラマウント社は、自社製品がしかるべき利益を産むために、作家とブリーン・オフィスのあいだをどう仲介せねばならなかったのか。そしてブリーン・オフィスの検閲は実際にどの程度の拘束力をもったのか。あるいはまた一本のフィルムは、この制度的要請によってどのように織りあげられ、そして裁ち切られたのか、作者の意図と制度の要請、そしてテクストの肌理との相関関係、そうしたことをジャンルを代表する『淑女イヴ（レディ・イヴ）』（41年）という傑作スクリューボール・コメディをめぐって考察しようというのが本節の目的である。そしてこの目的に向かう途中で作家論とテクスト分析とジャンル論の三項が幸福な三角関係を構成する磁場を通過するとすれば、それはそれでまた本節の小さな愉しみのひとつといえるかもしれない。

そもそもヘイズ・オフィス（およびその下部組織ブリーン・オフィス）は、映画界に対する社会批判をかわす牽制装置としてハリウッド映画産業界内部に誕生した。フィルムの検閲にあたり、作家とスタジオにあれこれと指図するそのヘイズ・オフィスもまた映画産業界の一部なのである。作家／スタジオ／ヘイズ・オフィスというこの産業内三項が、外圧に対してはらわねばならなかった配慮とは具体的にいってどのようなものだったのだろうか。

先の引用では省略したが、ヘイズの片腕ブリーンの手紙は、『淑女イヴ』の「疑問の余地のある台詞」二四箇所を細部にわたり書き替えるようパラマウント社に要請している。これに対して脚本家スタージェスはどう応えるだろうか。要請を容れなければ、最悪の場合、完成したフィルムの当該箇所が切られるだけだという脅迫状じみた手紙の内容に、作家とスタジオはそれぞれの立場からどう対処するのだろうか。

脚本草稿（イエロー・スクリプト）に対してなされた二四箇所の書き替え要請は次の五つの範疇にわけられる。①性的暗示（十一箇所）、②不穏当な言い回し（八箇所）、③犯罪描写（一箇所）、④宗教への言及（一箇所）、⑤その他（三箇所）。一番多いのは性的暗示に富んだ箇所を改めるようにという要請（ヘイズ・コード第二条にてらしての判断）だが、このことは、このフィルムがときにセックス・コメディとも呼ばれるジャンルに属していることを如実に物語っている。本章第三節で定義したように、『淑女イヴ』のようなタイプのフィルムでは、男と女の愛の絆は風変わりな戦いの戦果として獲得される。両性は喧嘩をくりかえし、反目し合えばし合うほど、離れられなくなる。両性間の熾烈な恋の争いがスクリューボール・コメディの主題である。しかるにバーバラ・スタンウィックのような、男を誘惑することが身上の女優をイヴ役として起用した以上、このフィルムの男女の争いは文字どおりセックス・ウォーズの様相を呈することになる。バーバラ・スタンウィックは『淑女イヴ』出演の三年後、フィルム・ノワール『深夜の告白』（44年）で男を誘惑したあげく殺害する蜘蛛女の役を演ずるが、そこで男を魅了するのは彼女の脚線美である。『深夜の告白』のこの誘惑の場面がブリーン・オフィスの検閲に譲歩した結果であるかどうかはともかくとして、じつは『淑女イヴ』にも同様の、というよりもより強烈な脚線美による誘惑の場面がある。それはバーバラ・スタンウィックがヘンリー・フォンダを跪かせて靴をはきかえさせるというもので、この場面はブリーン・オフィスの検閲こそ通過したものの、ペンシルヴェイニア、メリーランド、カンザスの三州で地元の検閲委員会の反発をかい、上映にさいして削除の憂き目にあっている。[*23] ことほどさようにスクリューボール・コメディと性的暗示は親和性が高い。

しかるにブリーン・オフィスによる二四箇所の書き替え要請のうち、脚本家スタージェスが書き替えに応じたのは十四箇所にとどまる。そのうち最大の修正箇所はブリーンの手紙本文中にもある「脚本の70頁から74頁にかけて、ふたりの主役［夫婦でもない男女」のあいだで性的関係がもたれるかのような」くだりである。検閲者ブリーンは詳細を次のようにしるす。

70頁…この箇所は先に忠告したように、主役のふたりのあいだの情事を暗示させるので書き直していただかねばなりません。とりわけこの頁の「あなたの部屋《キャビン》

『淑女イヴ』のセットで…左より一人おいてプレストン・スタージェス、バーバラ・スタンウィック、エルンスト・レムリ

に行ける？」という台詞は必ず改めていただくこと。
71頁…この場面はプライヴェート・デッキではやらないように。それに抱擁は、ふたりを立たせたままでやらせることです。またC47の煙草の場面は、その含意するところを考えると削除すべきところでしょう。

脚本中の「C47の煙草の場面」とは、中腰のヘンリー・フォンダが長椅子に横たわるバーバラ・スタンウィックの煙草に火をつけ、その後、その煙草が光の放物線をえがきながら夜の海に投げすてられ、そのままフェイド・アウトになる場面をさす。

74頁…この頁の会話はいまのままでは情事のことを相談しているようにきこえます。かならず書き改めていただくこと。

ブリーン・オフィスはさらに警告する。「しかるべき倫理上の配慮がなされないかぎり、このままでは映画製作倫理規定違反にあたり、この箇所は完成した映画からそっくり削除されることになります」と。この場合の「しかるべき倫理上の配慮」とは、つまるところ出遭ったばかりのふたりを夫婦にさせることだが、それは物語の展開上できない相談である。かれらが法律上の夫婦でありさえすれば、おもわせぶりな台詞と描写でもある程度許容されるのだが。ともあれひとつのシークェンス全体におよぶブリーン・オフィスのこの「警告」には、さすがのスタージェスも応じないわけにはいかなかったようだ。なにしろこの箇所はヘンリー・フォンダがバーバラ・スタンウィックに初めて愛を告白する重要な場面である。翌朝ふたりはある誤解がもとで気まずく別れることになるのだから、もし完成フィルムからこのシークェンスがそっくり削除されるようなことになったら、物語はまったく別物になってしまうだろう。「警告」が良識ある者の耳にいかに滑稽なものにきこえようとも、夫婦でもない者がベッドをともにすることをハリウッド主流映画で「暗示させる」ことは一九四一年の時点では許されないことだった。むろん「暗示させる」ことが作者の意図であるかどうかはここでは問われない。保守的な一部の圧力団体の声を代弁する検閲者の判断だけが問題なのである。スタージェスはいずれにせよこの五頁におよぶシークェンスを「検閲者」の指導どおり書き改め、その結果、決定稿ではこの箇所は二頁に短縮されている。

しかし、こうしたブリーン・オフィスの改稿要請は監督にとってもスタジオ首脳部にとっても十分予想できたことである。事実、くだんの法律調査部担当ルイジ・ルラスチは草稿提出の二日まえ（十月五日）に、あらかじめ次のようなメモを監督スタージェスに書きおくってさえいる。

> イエロー・スクリプトはまだヘイズ・オフィスには提出しておりませんし、あなたが意をつくされるまではそうするつもりはありません。しかしそのまえにかれらの反応を見越して若干手直しされたい点がおありではないかと思い、お手紙をさしあげました。以下の点は毎度毎度手直しを要求されるものですので。
> A5の「反吐（puke）」という言葉は良風を傷つけます。
> A7、B25の「けがらわしい（lousy）」という言葉は削除すべきでしょう。
> C30のチャールズの台詞「ああ、なんてこった（Oh, God）」のGodは削除しなければなりません。
> D4のチャールズの台詞「くたばっちまえ（go to h...）」の「h...」の部分［地獄hellの伏字］は良俗を害さぬよう改めねばなりません。[*24]

ルラスチがスタージェスにたいして言い回しの変更をせまるのは、「不穏当な言い回し」については経験上ある程度客観的な判断がつくという漠たる理由からではない。

そうではなく、ほかならぬ映画製作倫理規定のなかに使用禁止の「冒瀆的な言葉使いあるいは卑俗な表現」の具体例が何十例と列挙され、そのなかにルラスチが指摘した四例のうち最初の「反吐（puke）」をのぞいた三例までが含まれているからである（本書巻末の補遺を参照されたい）。

脚本家スタージェスは三例の変更にそれなりに応じながら、しかし最後まで「反吐」だけは削除しなかった。この言葉は、たしかに先の手紙の「疑問の余地のある台詞について」のブリーン・オフィスの「忠告」のなかでも、「検閲委員会のなかには削除を要求するところもあるでしょう」と、もっとも婉曲な変更要請にとどまっている箇所だが、スタージェスが他の箇所の変更に応じながら、これをのこした理由は、彼が主人公のヘンリー・フォンダの役名チャールズ・「パイク」と「反吐《ピューク》」の地口の妙に固執したからであろう。最終的には合衆国の三つの州でこの言葉をめぐる三行の台詞が実際カットされることになるが、大局ではスタージェスとブリーン・オフィスの判断は正しかった。これに関してはむしろスタジオ側が慎重にすぎたことになる。

無論スタジオ側の慎重な判断はつねにフィルムをより良い「商品」にするためにくだされる。「商品」を瑕物にしないためには、検閲の結果、へたにフィルムをカット、削除されるよりも、はじめから「瑕」の元はないほうが良いのである。作者の地口遊びはあくまでも遊びであって、そこにスタジオの投下資本回収をさまたげる危険な芽があれば、それはなんとしてでも摘みとっておかねばならない。なぜならパラマウントにとって『淑女イヴ』は、自社の「商品」ではあっても、プレストン・スタージェスの「作品」などではないからである。それゆえスタジオ側は決定稿完成の日にすら「作家」側に次のような申し入れをするだろう。

十月十八日
プレストン・スタージェス殿

台本について外国部からあらたな報告がはいりました。それによればイギリス領では「反吐（puke）」という言葉はまちがいなく良風を傷つけます。たとえ我が国の検閲を通過したとしても、国外ではおそらくカットされることでしょう。したがってこの言葉をのこすおつもりであれば、削除しても削除のあとがのこらないような撮影と編集を心がけていただくように。（中略）

ルイジ・ルラスチ*25

イギリス領はハリウッド映画海外市場の最大手である。そこでの上映に困難をきたすというのである。監督＝脚本家スタージェスはこの申し入れをまえにどうしたであろうか。撮影開始は三日後にせまっている。決定稿はすでに完成している。具体的な撮影プランはすでに彼の頭のなかにできあがっていたはずである。決定稿には無論修正のあとはない。しかし決定稿と完成フィルムを比較すると、現存する決定稿にスタージェスが最終的にこの申し入れをのんだことがわかる。

彼はどうやらパイクと「反吐《ピューク》」の地口が「不穏当な言い回し」としてカットされる危険性をここにきてようやくはっきりと認め、そのうえでそれに備えたらしいのだ。つまりスタージェスは撮影中に決定稿に手を入れたのである。*26

決定稿の段階では、問題の台詞（「反吐《ピューク》」）をつぶやく娘のかたわらを主演女優バーバラ・スタンウィックに向かって歩くひとりの男がいるのだが、完成フィルムではこの男の姿はない。決定稿どおりに撮影がすすんだ場合、検閲によって台詞の部分がカットされた版では、男はいきなりバーバラ・スタンウィックのところまで飛んでいったかのような奇妙な編集の映画になっていただろう。そうした検閲を恐れておこなわれたこの小さな手直しは、しかし結果的に単なる手直しにとどまらなかった。それは誠に残念なことに、現行版のフィルムの肌理に小さな瑕をあたえることになってしまったのだ。

映画『淑女イヴ』がはじまってまだ間もない頃、問題の台詞をつぶやくひとびとを客船の手摺りごしに切れ目のないキャメラの水平移動で見せるこのシーンは、この削除の可能性のゆえにわれわれ観客をそのまま（切れ目のないワンショットで）われわれの美しい主演女優のところまで運んではくれない。つまりこの場面の一部がカットされる危険を見越せば、バーバラ・スタンウィック（イヴ）を問題の台詞をつぶやく船客のかたわらにおくことはできなくなる。その結果どうなったかといえば、観客の視線を客船の手摺にそって美しい女優へと導いてこそはじめて動機づけられるはずの現行のこの滑らかなキャメラの水平運動がまったく無意味なものとなってしまったのである。本来、主演女優を観客に導入紹介するはずだった流れるようなキャメラの水平運動が彼女の姿を見せるまえに無残にも断ち切られ、イヴの姿は、その美しいキャメラの水平運動とはおよそ無関係にあらわれる。

要するに、「削除のあとがのこらないような撮影と編集を心がけていただくように」というスタジオ側による撮影直前での申し入れを監督がのみ、検閲対策として講じられたであろう撮影現場での窮余の一策が、そのフィルムが当初備えていたはずのある確かな美しさを完全に損なってしまったのである。

おそらくこうした一次資料による無骨な分析をへなくとも、映画を見慣れた観客や訓練を受けた批評家なら、荒唐無稽な『淑女イヴ』の冒頭部をよぎる一瞬の不自然さをけっして見逃すことはないだろう。しかしその不自然さがいったい何に由来するものであるのか、従来の映画批評はけっして名指すことができなかった。一本のフィルムはしばしばひとりの作家（監督）の意図をはるかにこえたところで成立してしまう。とりわけスタジオ・システム下のハリウッド映画はそうである。このわかりきったことをいまあらためて確認せねばならないのは、映画を作家の項に還元してきた「作家主義」の疲弊から映画批評を救わんがためである。一次資料にもとづいたわれわれの『淑女イヴ』分析が暗示することは、映画批評における作家主義の終焉である。映画的史料の発掘と整理によって、作家主義が有効でありえた時代は終わりを告げようとしている。作家はひとつの美しいキャメラワークを

	変更要請数	実際の変更数
性的暗示	11	9
不穏当な言い回し	8	7
犯罪描写	1	1
宗教への言及	1	0
その他	3	2
計	24	19

検閲の目を配慮して撤回せざるをえなかった。その傷痕が現行のフィルムにはっきりとのこされているのだ。映画は作家の意思だけでできあがるものではない。このあたりまえのことを、ここでいま一度確認しておきたい。

さてすでに述べたように、ブリーン・オフィスによる二四箇所の書き替え要請のうち、脚本家スタージェスが書き替えに応じたのは十四箇所にすぎない。しかしそれらはあくまでも撮影まえの脚本段階での変更であって、監督スタージェスが現場で変更したり、あるいは実際に撮影しても編集の時点で削除されたであろう箇所がさらに五箇所ある。[*27] したがって変更箇所は全部で十九箇所、最終的に八〇％弱の割合でスタージェスは検閲者ブリーンの指導にしたがったことになる（右表参照）。

一般に、撮影されたフィルムの最終編集権は監督ではなくスタジオ側が握っている。スタージェスとパラマウントのあいだも例外ではないことは前節で述べたとおりだが、ここに編集のさいの検閲対策をめぐっておもしろい資料がのこされている。それは例によって法律調査部担当のルラスチが監督スタージェスに宛てた手紙（インターオフィス・コミュニケーション）なのだが、その手紙の日付け（一九四〇年十二月七日）が、本格的な編集作業が予定より遅れてはじまろうとしていることを示している。

ルラスチはいつもの事務的な調子で手紙をはじめる。

今日の粗編集《ラッシュ》でフォンダは“Who the... was Herman?”［“the”のあとにhellがつづいて「ハーマンって一体どこの馬の骨だ?」くらいの意］といっています。三つのテイクのうち、ひとつははっきりと“the [hell]”の音がきこえ、ふたつ目はかすかにききとれます。ひとつだけ“the [hell]”がまったく発音されないテイクがありますので、われわれは本編集のさい、この最後のテイクを使うことをご承知おきください。ヘイズ・オフィスがはじめのふたつのテイクを認めるはずはありませんので[*28]。

たしかに現行のフィルムでは、俳優ヘンリー・フォンダは、“Who was Herman?”といい、“the [hell]”の音はおくびにもださない。このごく小さな音について、スタジオ側が検閲対策をめぐってかくも心を砕いたということは特筆に値しよう。ブリーン・オフィスの検閲は脚本と完成フィルムの二段階をへる。脚本段階で変更を要請した箇所がちゃんと改められているかどうか、完成フィルムの段階でふたたびチェックされる。スタージェスは脚本段階でスタジオ側とブリーン・オフィスからそれぞれ“hell”という語をめぐる「不穏当な言い回し」について忠告をうけていた（本書巻末の補遺を参照されたい）。にもかかわらず編集段階までこの語が問題になった遠因には、スタジオ側の強引な製作進行があるだろう。俳優ヘンリー・フォンダが二度まで“Who the [hell] was Herman?”といったとすれば、それは彼が変更まえの台本（十月七日づけイエロー・スクリプト）を手渡され、それにもとづいて台詞を暗記していたということになるだろう。改稿を終えた決定稿（ホワイト・スクリプト）が出演者たちに手渡されたのは十月十八日以降、早くとも撮影開始三日まえのことだったのである。

注

＊1　François Truffaut, Letter to Preston Sturges, Box 86, Folder 34 in the Preston Sturges Collec-tion of the Special Collections Library, University Research Library, University of California, Los Angeles.

＊2　マニー・ファーバー、W・S・ポスター、宮本高晴訳「プレストン・スタージェス　ハリウッドの中の成功神話」（『月刊イメージフォーラム』一九八五年七月―八月号）は水際立ったスタージェス論だが、執筆されたのはスタージェスの「成功神話」がまだ耳目に新しい一九五四年のことであり、したがっていかにひとびとの記憶からその「成功神話」が消えていったかを顧

慮するものではない（なおプレストン・スタージェス再導入の試みは本章の初出から三年後、独立系輸入配給会社や衛星放送会社によって果たされつつある）。

＊3　スティーヴン・ヒース、拙訳「映画・システム・物語」（『シネアスト』第2号、青土社）。

＊4　ロバート・スクラーのような文化史出身の映画学者はスクリューボール・コメディをさらに狭義にとらえる。彼の考えによれば、たとえばキャプラの『或る夜の出来事』はスクリューボール・コメディだとは認められない。理由は「スクリューボール・コメディにおける変わり者《スクリューボール》は金持ち」だからである（『アメリカ映画の文化史』講談社学術文庫、九九頁）。しかし、これだけの定義ではジャンルの多様な展開の全容をとらえることはできない。たとえば『初恋』（ヘンリー・コスター監督39年）のように、金持ちではないスクリューボールなヒロインもいれば、『教授と美女』のように、「金持ちのスクリューボール」がなんら重要な役をはたさないSCも存在するからである。SCにおいて笑いと諷刺の対象となっているものは、たんに「金持ち」や上流階級の愚行だけではない。SCの笑いは、人間関係に不慣れな男女が異性愛というもっとも不可思議な人間関係を築くときの擦れ違いにある。

＊5　See Jeffrey Richards, "Frank Capra and the Cinema of Populism," in Bill Nichols ed., *Movies and Methods: Anthology* (University of California Press, 1976), pp. 65-77.

＊6　Thomas Schatz, *Hollywood Genres* (Random House, 1975), p. 180.

＊7　Frank Capra, *The Name above the Title: An Autobiogaraphy* (Macmillan, 1971), pp. 311-14.

＊8　欧州ではすでにクイーン・エリザベス号などの豪華客船が軍事目的に転用されている。一九四二年にはニューヨーク港でもノルマンディー号が謎の火災を起こして沈没している。

＊9　フランク・キャプラは一八九七年、シチリア島の貧しい家庭に生まれ、六歳のとき移民として家族に連れられてカリフォルニアに渡っている。一方プレストン・スタージェスは一八九八年、シカゴの裕福な家庭に生まれ、幼少時代はボヘミアン的母親に連れられてヨーロッパを転々としている。同じ世紀末に生まれ、同様の喜劇映画を撮ったこの二人の映画作家の運命的なほどに対照的な出自についてはまだだれもしかるべき驚きを表明していない。

＊10　Box 8 in the Preston Sturges Collection.

＊11　Brian Henderson, ed., *Five Screenplays of Preston Sturges*（University of California Press, 1986）, p. 685.

＊12　Box 33, Folder 9.

＊13　Box 8, Folder 11.

＊14　Box 8, Folder 4.

＊15　Cf., James Curtis, *Between Flops: A Biography of Preston Sturges*（Limelight Editions, 1982）, pp. 177–93.

＊16　Box 8, Folder 10.

＊17　Box 33, Folder 9.

＊18　Box 8, Folder 10.

＊19 Henderson, pp. 686-707.
＊20 Box 10, Folder 1.
＊21 Box 33, Folder 4.
＊22 小論執筆後に、同様の問題意識をもつ次の研究書が出版された。Lea Jacobs, *The Wages of Sin: Censorship and the Fallen Woman Film 1928-1942* (The University of Wisconsin Press, 1991).
＊23 Box 11, Folder 3.
＊24 Ibid.
＊25 Ibid.
＊26 そもそも一九三〇年に映画製作倫理規定が成文化された背景には、トーキーの普及という技術的理由もあった。つまりサイレント映画では仮にある箇所がカットされても大勢に影響が出ないこともあるが、台詞のあるトーキー映画では、わずかなカットでも大きな影響が出る。
＊27 現場で変更した箇所は撮影台本へのスクリプトガールの書き込みでそれとわかるが、変更に関する注が撮影台本になにも書き込まれていない場合、編集段階以降での変更と考えるしかないだろう。なおプレストン・スタージェス・コレクションには『淑女イヴ』の撮影台本も収められている。
＊28 Box 11, Folder 3.

第2章

喜劇映画作家がプロパガンダを撮るとき

本章で主役をはるのは、いわずとしれたフランク・キャプラそのひとである。なみいる古典的ハリウッド映画作家のなかでも、キャプラほど人気のおとろえを知らない監督も実際めずらしいだろう。『或る夜の出来事』や『スミス都へ行く』などで今日も知られるこの映画監督は、時代をこえて観客を魅了しつづける多くの人間喜劇をつくった。それらの映画は善意と情熱を甘い優雅さでくるんだアメリカを代表する喜劇であった。

キャプラの名はすでにスクリューボール・コメディの大家を論じた前章で言及されたが、前章の主役プレストン・スタージェスが時代の陰画だったとすれば、本章の主役フランク・キャプラこそは時代の陽画である。戦雲たれこめる一九四〇年代前半、キャプラはそれまでのすべての批評的・商業的成功を擲って、文字どおり勇猛果敢に戦意昂揚映画と取り組むことになるからである。

それゆえ本章の問いは次の一点にしぼられる。絶大な人気を博したあるひとりの喜劇映画作家は、いかにして優秀なプロパガンダ映画のつくり手へと転身するのかという問いである。この問いは、しかし、同時にそれに内包されるふたつの問いをともなわずにはおかない。すなわちプロパガンダ映画とはそもそも何なのか、そしてその映画作家が帰属したハリウッドの戦時体制とはいかなるものだったのかという問いである。本章はこうした問いに、まがりなりにもひとつの明快な答えをひきだそうとする。

本章はまた監督、フィルム、そして制度の相関関係を考察するさいに、一次資料ドキュメントを手がかりにするという点で、また最終的に脱構築（ディコンストラクション）的な映画分析にたちいたるという点においても、第1章の作業を補完するものである。

だれもが腹をかかえて笑い、そしてときにほろりとさせられるジャンル映画を創造したキャプラが、愛国心に燃えてハリウッドからワシントンへと飛んだとき、どのように戦争と検閲にかかわったのだろうか。

ぼくはもうひとりではない。この暗い劇場のなかで、ぼくは兵士たちと完全に一体になっている。

——アルフレッド・ケイジン（『ニューヨークのユダヤ人』）

キャプラ都へ行く

呻吟したすえに人民喜劇『群衆』の編集を終え、嬉々として擬似スクリューボール・コメディ『毒薬と老嬢』の撮影にかかっていたときである。大衆的人気を誇る映画監督フランク・キャプラは、ワーナー・ブラザーズ社のスタジオ・セットに合衆国陸軍通信隊中佐の訪問を受ける。一九四一年十二月七日のことである。すでに日本軍によるパールハーバー奇襲の報せをうけていたキャプラは、このときはっきりと愛国心とでも呼ぶべきものを抱き、翌八日には陸軍少佐として任官をうけることに同意する。ほどなくして彼はワシントンに呼ばれ、情報教育局のF・H・オズボーン少将と

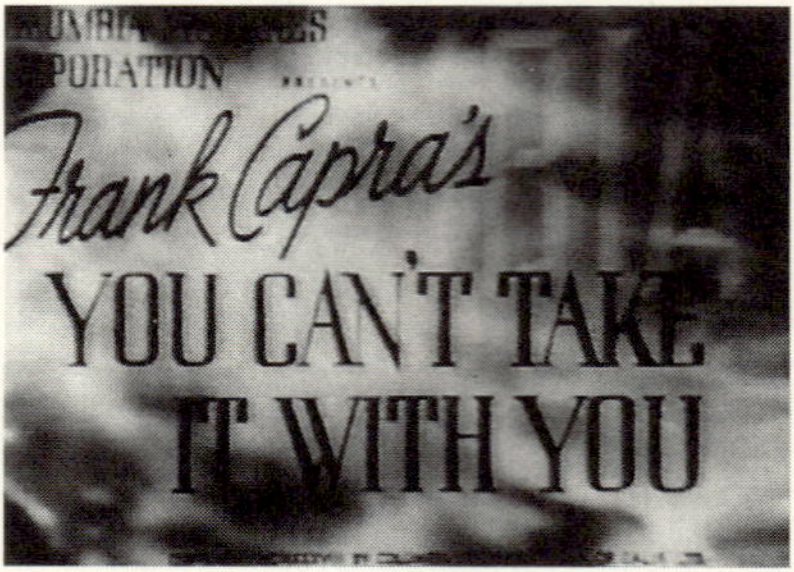

題名より名前が上

面会する。合衆国がこの戦いに参戦した以上、すみやかに軍務について頂きたいという少将の申しでにたいして、映画監督キャプラは、いま撮影中の喜劇映画完成までしばしの猶予をもらいたい旨申しでる。そしてハリウッドにとってかえしたキャプラは、年が明けた翌一九四二年一月までに『毒薬と老嬢』を仕上げ、二月十一日、彼は宣誓し少佐として任官することになる。[*1]

ここまでは公刊されたフランク・キャプラの自伝『題名より名前が上』（映画の題名よりも監督の名前が上に表記されたキャプラ映画のクレジットをさす）にも書かれていることである。問題はその先にある。キャプラがその自負に満ちた自伝でそれ以上触れていない部分、つまりキャプラ召喚にいたる陸軍側の経緯、そして応召後のキャプラがどのような軍人であったのか、そうしたことがわからないのである。押しも押されもせぬハリウッドの人気作家キャプラがワシントンでキャプラ少佐と呼ばれるとき、いったい映画史に何が起きたのか。大戦中、キャプラ少佐（のちに大佐）は短篇をふくめ十七本ものプロパガンダ映画を監修することになるが、その作業は具体的にどのような手順を踏んだのか。成功した喜劇映画作家は、どのようにして優秀なプロパガンダ映画監修者へと変身するのだろうか。そもそもなぜ彼は喜劇作家としての批評的・商業的成功を捨て、一介の軍人として生きることを決意するのか。喜劇映画とプロパガンダ映画、映画史と戦史という、相異なるふたつのジャンルを二重に横断するこうした問いはいまだ映画史家からも現代史家からも問われたことがなく、われわれの文脈からいえば、これはいまもって映画史的謎にとどまっているのである。

無論第二次世界大戦中、ハリウッドの才能ある作家たちはキャプラにかぎらず、ほとんど例外なしに多かれ少なかれ「戦意昂揚映画」に携わることになる。大戦中をアメリカですごすフランスの映画監督ルネ・クレールの言葉をかりれば、「アメリカの戦争映画をつくったのはハリウッドの一流職人たちである。一例をあげれば、情報部に脚本家ロバート・リスキン［キャプラ喜劇の脚本家］が、陸軍には大佐にまで昇級する監督フランク・キャプラが、空軍にはウィリアム・ワイラー、ジョージ・スティーヴンス両中佐が、そして海軍にはジョン・フォード中佐がいたのである」。*2

もう少し具体的にみてみよう。たとえばアルフレッド・ヒッチコック監督はハリウッドに移ったのちもイギリス時代の『バルカン超特急』（38年）を想起させる立派な「戦時映画」を撮りつづける。傑作『海外特派員』（40年）、『逃走迷路』（42年）、『救命艇』（44年）などはそうしたプロパガンダ色の強い商業映画の例だが、このほかにも故国イギリスの情報省のために重厚な短篇プロパガンダ映画を演出している（『闇の逃避行』『マダガスカルの冒険』ともに44年）。またジョン・ヒューストン監督はみずから戦地におもむいて質の高いドキュメンタリーを手懸けているし（『アリューシャン列島からの報告』43年、『サン・ピエトロの戦い』45年、『光よあれ』46年）、ウィリアム・ワイラー監督も出征した夫の留守をあずかる妻の不安と勇気をえがいたアカデミー賞作品賞受賞メロドラマ『ミニヴァー夫人』（42年）ののち、すぐれた空軍ドキュメンタリーを発表する（『メンフィス・ベル』44年、『サンダーボルト』45年、ジョン・スタージェスとの共同監督)。あるいは世界的ドキュメンタリスト、ロバート・フラハティの尽力で、一九四一年に「星の王子様」サン゠テグジュペリとともにリスボン経由でアメリカへと脱出したフランスの著名な映画監督ジャン・ルノワールは、対独地下抵抗運動をあつかったヒューマンな物語映画『自由への戦い』(43年)を新天地で撮ることになるし、このほかにも合衆国陸軍のため軍事教育用の短篇映画を撮っている。こうした作例はほんの一部にすぎず、事実次のような数字がこの戦争の驚くべき総動員体制を物語っている。一九四四年までに映画俳優組合から一五〇〇人、映画脚本家組合から二三〇人、映画監督組合から一三二人、そして七五人の照明技師と音響技師、四八人の映画会社重役とプロデューサー、四〇人のカメラマン、そして二〇〇〇人の映画音楽家が正規軍に編入され、かれらをふくめ、実に四万人もの映画人がこの戦争とその表象に関与したのだ。*3

しかし、そのなかで開戦時に監督としてのキャリアがまだ短かったヒューストンをのぞけば(処女作は一九四一年の『マルタの鷹』)、「戦意昂揚映画」にキャプラほど情熱をかたむけた作家はほかにいない。すでに述べたように、彼はそれまでの喜劇作家としての地位と栄誉をなげうって、全七本にわたるドキュメンタリー・シリーズ「我々はなぜ戦うか」(『戦争への序曲』42年、『ナチスの攻撃』『分割と征服』『英国の戦い』『ロシアの戦い』いずれも43年、『中国の戦い』44年、『戦争がアメリカにやってくる』45年）をはじめ、『黒人兵』（44年）、『きみたちの敵を知れ——日本篇』ヨリス・イヴェンス部分監督、『きみたちの同盟国を知れ』『チュニジアの勝利』『これがドイツだ』『ドイツでのきみたちの仕事』（いずれも45年、なお最後の二本のドイツ物は『きみたちの敵を知れ——ドイツ篇』として一本に数えられることもある）など計十七本ものプロパガンダ映画の製作を指揮監督する。とりわけ「我々はなぜ戦うか」シリーズは合衆国の全軍全兵士に見せられ、かれらの未知なる戦いに明確な目標とプライドをあたえることに成功する。それぞれのフィルムの肌理についてはのちほど詳しく見ることにして、いまはもうしばらく時代と作家について概観をつづけよう。とりわけドキュメンタリー映画について検討するまえに、商業映画としてだれもが一般の映画館で見ることになった当時の娯楽映画のプロパガンダ性についてあらまし知っておく必要があるだろう。

ハリウッド戦時娯楽映画

『ハリウッド・クォータリー』という季刊誌がある。終戦直後にカリフォルニア大学出版局から創刊された映画誌である。興味深いのは、この創刊号（一九四五年十月）の巻頭をかざった「ハリウッド戦争映画　一九四二―一九四四年」という論文である。[*4]この論文は、第二次世界大戦映画という新サブジャンルの出現を目のあたりにした世代による当時最新の統計的映画分析である。だれもがまだこの新しいタイプの総力戦の後遺症に悩まされていた時期に、その映画的表象を客観的かつ包括的に分析しようという試みが早くもあらわれたのである。それによれば、アメリカ参戦後の三年間にハリウッドでつくられた物語映画の数は一三一三本。そのうち三七四本のフィルムが何らかのかたちで直接戦争に言及している。そのなかには狭義の戦争映画にかぎらずコメディもミュージカルも含まれるが、論者はこの膨大な量の広義の「戦争映画」をそうした既成のジャンルにしたがって分類するのではなく、新しい枠組みによって整理分析する必要を感じる。その新しい枠組みは、パールハーバー奇襲の一か月後におこなわれたローズベルト大統領の議会演説にもとづいている。すなわちアメリカ国民が対岸の火災視してきた戦争が自分たちの足下まで広がってきたとき、この難局をどう打開すべきか、大統領は全国民が理解すべきこの戦争の要諦として次の六点をあげる。①戦争の核心、②敵の特徴、③連合国、④労働と生産、⑤銃後、⑥軍隊。これらの理解なしに勝利は期待できない。そしてこの六つのカテゴリーは、その網羅性ゆえにそのまま陸軍情報局に採用され、それゆえまた論文執筆者が三七四本の「戦争映画」を下位区分するさいの枠組みともなるのである。

論者の統計によれば、製作数最多のカテゴリーは②の「敵の特徴を描いた映画」である。一九四二年につくられた広義の「戦争映画」のおよそ二本に一本、同年製作のハリウッド映画の六本に一本がこれにあたる。カテゴリー②の製作本数が別表（八九頁）にもあるように年を追うごとに減少してゆくのは、参戦当初の急務は、まずなによりも戦う相手をアメリカ国民に知らせることだったからだろう（敵の同定なしに戦いは成立しない）。しかしこのカテゴリーはファシズムのなんたるかを国民に説明するというよりも、前章のプレストン・スタージェスの短篇プロパガンダ映画の節でもふれたように、もっぱらアメリカ国内におけるスパイ活動と破壊工作《サボタージュ》の脅威をセンセーショナルに描いた（破壊工作員が自由の女神像から転落死するという象徴的なエンディングをもつヒッチコックの『逃走迷路』〔原題は「破壊工作員《サボター》」〕も一九四二年製作である）。アメリカ本土を舞台にしたこうした「敵の特徴」を描くスパイ戦映画では、アメリカ側はなにも守勢にまわるばかりではない。アメリカの美人女性スパイ（イングリッド・バーグマン）が単身ナチ・スパイの屋敷にのりこむ『汚名』（アルフレッド・ヒッチコック監督46年）を先取りした映画『危ない橋をわたりながら』（ロバート・フローいリー監督42年)のような作例もある。戦時下でのこうした破壊工作映画ブームは、いまではすっかり映画史から忘れさられたひとつの荒唐無稽なシリーズ物を産みだす。すなわちシャーロック・ホームズが現代のワシントンによみがえり、ドイツ人スパイ団の陰謀を挫くシリーズの登場である(『シャーロック・ホームズと戦慄の声』ジョン・ローリンズ監督42年、『シャーロック・ホームズ、ワシントンに現わる』ロイ・ウィリアム・ニール監督43年)。しかしながら、これらの戦時娯楽映画は、国内の見えない恐怖を既成のミステリーとサスペンスの枠内で描くという点で、とてもまじめなプロパガンダ映画と呼べるものではなかった。

戦時下で次に製作数の多いカテゴリーは⑥の「軍隊を描いた映画」である。一九四二年から四四年にかけてつくられた全「戦争映画」のおよそ二五%を占めている。このカテゴリーも戦線の拡大にともなって形式内容ともに変化してゆく。アメリカ参戦当初、軍事教練はもっぱらコメディやミュージカルの対象だった——ハリウッドのこの「不真面目な」態度については、一九四二年六月に、ドイツ軍の空襲に怯えながら製作をおこなっていた英国映画界から反発の声があがっている(「この戦争にはまがい物の戦争ロマンスや戦争ドラマは必要ない。この戦争はまがい物ではないのだから」)[*5]。さすがに一九四三年を境にアメリカでもよりリアリスティックな、今日われわれが狭義の戦争映画と呼ぶもの、あるいはより正確には戦場映画というべきものが増えてくる。『サハラ戦車隊』（ゾルタン・コルダ監督43年）や『バターンを奪回せよ』（エドワード・ドミトリク監督44年）などがそれである。しかし、それらは最良の場合でもヒロイズムを強調した人間ドラマであり、実際にアメリカの外で戦われている「現実の」戦争とはおよそ何の関係もなかった。

三番目に多いのは③の「連合国を描いた映画」になる。約十八％の割合である。もし連合諸国での同胞の苦戦ぶりやレジスタンス活動を垣間見ることができれば、アメリカ国民の戦い方もおのずと決まるだろうというのが、このカテゴリーの存在理由である。ドイツからの亡命監督フリッツ・ラングの一連の傑作戦時映画（『死刑執行人もまた死す』43年など）や、すでに言及したルノワールの『自由への戦い』がこれにあたる。

四番目は①の「戦争の核心を描いた映画」で、戦時中に製作された「戦争映画」中、十二％を占める。これは「我々はなぜ戦わねばならないのか」という素朴だが切実な問いにまがりなりにも答えようとするもので、事実アメリカが参戦に踏み切った時点で、「なぜファシズムが民主主義の脅威となるのか理解できていたアメリカ国民はほとんどいなかった」のである。リリアン・ヘルマン原作、ダシール・ハメット脚本の

ハリウッド戦争映画　1942―1944年

	1942年	1943年	1944年
「戦争映画」の本数 全公開作中に占める割合	126 25.9%	133 33.2%	115 28.5%
①戦争の核心を描いた映画の本数 全「戦争映画」中に占める割合	10 7.9%	20 15.0%	13 11.3%
②敵の特徴を描いた映画の本数 全「戦争映画」中に占める割合	64 50.8%	27 20.3%	16 13.9%
③連合国を描いた映画の本数 全「戦争映画」中に占める割合	14 11.1%	30 22.6%	24 20.9%
④労働と生産を描いた映画の本数 全「戦争映画」中に占める割合	5 4.0%	9 6.8%	7 6.1%
⑤銃後を描いた映画の本数 全「戦争映画」中に占める割合	4 3.2%	15 11.3%	21 18.3%
⑥軍隊を描いた映画の本数 全「戦争映画」中に占める割合	29 23.0%	32 24.1%	34 25.4%

重苦しいメロドラマ『ラインの監視』（ハーマン・シャムリン監督43年）などがこのカテゴリーの代表的な作品だろう。

五番目は十一％を占める⑤の「銃後の生活を描いたもの」で、別表でも明らかなようにカテゴリー②とは逆に、しりあがりに製作数が増えてゆくのが特徴である。そもそもアメリカ国民の大多数は直接敵の姿を見ることがないという奇妙な戦いを戦っている。そうした状況にあっては銃後《ホーム・フロント》を効果的に戦時体制化することが大きな課題となる。国民は節約を旨とし、できれば戦時公債を買う必要があった（当時のフィルムを見ると、映画の終わりに「勝利のために合衆国戦争公債を買おう」というスローガンがついていたことがわかる）。ところが実際にハリウッドが提供した「銃後もの」はそうした課題を果たすにはあまりにも的外れであった。それは物資不足や「男不足」をコメディの材料にしたてたり、まともな軍人になれない青年でもスモール・タウンの市長にはなれるという御都合主義的コメディ（『凱旋英雄万歳』プレストン・スタージェス監督44年）であったり、あるいは照明をほとんど欠いた夜間撮影が美しい『非行に走る娘たち』（アルバート・ハーマン監督44年）のように青少年の非行問題をセンセーショナルにとりあげ、またその必然的結果としての「女子感化院もの」（『鎖につながれた娘たち』エドガー・G・ウルマー監督43年）を量産し、男たちの代わりに働きにでた母親の不安と罪悪感をいたずらに煽るという、良くも悪しくも商業主義的な枠組みのなかで製作された「きわもの映画」が少なくない。

最後にくるのは、④の「労働と生産を描いた映画」で、全「戦争映画」に占める割合はわずか五・六％である。かつて家庭の外で働いたことのなかった何百万という女性労働者が夫や恋人や父親の代わりに工場にでる。戦時体制下の国内でもっとも重要なこの側面が、ハリウッド映画においてもっともなおざりにされていたという事実は興味深い。女子工員の挺身を文字通りもっとも美しく描ききった日本の『一番美しく』（黒澤明監督44年）に匹敵するようなプロパガンダ商業映画は、アメリカにはついに現われなかったのである（カテゴリーの④と⑤については本書第4章にくわしい）。

こうして当時のハリウッドは国益優先の時代に真に効果的なプロパガンダ映画を産みだしたとはいえなかった。それらは娯楽映画の範疇をでるものではないばかりか、一九五〇年代に隆盛をみるふたつの新サブジャンル、「スパイもの」と「青少年犯罪もの」を準備していたきらいすらある。戦時体制化を促す大統領の六つのカテゴリーをよそに、ハリウッドは独自のカテゴリー、自分たちのサブジャンルを展開しつづけ、結局その百年の歴史のなかでももっとも現実逃避色濃厚な時期をすごしたのである。

フランク・キャプラが喜劇映画からドキュメンタリー映画へと転身する時代とは、

まさにこのような時代だったのである。

戦前の喜劇映画

それではキャプラ自身、ドキュメンタリー映画の監修を引き受けるまえはどのような娯楽映画を提供していたのだろうか。戦前の彼の喜劇映画にすでに自由と民主主義擁護の主題が認められることを見落とす者はいない。しかし、そこに彼が商業映画を離れ、官製プロパガンダ映画へと移行せねばならない理由は認められるだろうか。もし認められるとすれば、それはどのようなかたちで認められるのか。それが本節の問いである。すでに述べたように、これは戦前から戦中にかけてハリウッドのだれもが物語映画のかたちであれドキュメンタリーのかたちであれ、多かれ少なかれプロパガンダ映画に携わっていた時代である。たとえばジョセフ・ケインのように、ジーン・オートリーやジョン・ウェインを主演に、弱小映画製作会社リパブリックのために低予算西部劇を量産することしかしらなかった監督でさえ、ドイツ空軍が幌馬車を空爆し、小型戦車が西部を騎兵隊と並走するという荒唐無稽なプロパガンダ＝ウェスタン『懐しのモントレーで』(39年)を発表してしまう、そんな時代なのである。しかしその一方で、たとえばプレストン・スタージェスのように、わずか十分たらずの気のない短篇プロパガンダ映画を一本撮ったあとは戦前戦中を通してただひたすら無償の喜劇映画を撮りつづけた作家がいたことも事実である。前章に詳述したように、スタージェスはさながらキャプラ不在の時期に喜劇映画作家として花ひらいた感がある。彼はキャプラ（と脚本家ロバート・リスキン）が創造したスクリューボール・コメディと人民喜劇という二大ジャンルを、その創始者が映画の都を留守にして（政治の都にいって）いるあいだ維持しつづけるのである。

一方にハリウッドを離れた喜劇作家がいて、他方にハリウッドにとどまった喜劇作家がいる。どちらの作家が時代の正しい顔なのか、そうした問いも踏まえて、ここでかならずしも見ることが容易ではないフランク・キャプラの戦前の喜劇映画をおさらいしておく必要があるだろう。

キャプラのフィルモグラフィを概観するときに驚くことは、その処女長篇（『当たりっ子ハリー』26年）からすでに、のちにキャプラ的と呼ばれることになる主題――個人による共同体の浄化――が描かれていることである。これは、それが結局不可能な主題であることを示すことになる苦渋に満ちた人民喜劇『群衆』（41年）にいたるまでのおよそ十五年間、一貫してキャプラのフィルムに流れる主題である。喜劇映画『当たりっ子ハリー』は、その二年前からマック・セネットのスタジオで撮られてきた多くの短篇同様、キャプラ脚本（共同）、ハリー・ラングドン主演で撮影されているが、ラングドン演ずる主人公は、その生来の混沌生産能力によって、堕落した町にある種の秩序を導入することに成功する。それがキャプラののちの映画の主題系（愛と言論とメディアを通じて資本主義社会を浄化する純真無垢なスクリューボール）をみごとに先取りしている。無論サイレント時代に撮られた喜劇である以上、『当たりっ子ハリー』は言論とメディアよりも視覚的ギャグを強調したスラップスティック・コメディにとどまらざるをえないのだが、にもかかわらず一個人のどたばたが共同体全体に精神的な変質をもたらすという主題は、他のいかなるスラップスティックにも認められない特異な偏差を示している。ラングドンがはめをはずせばはずすほど町のモラルは回復する。それは時代に十二年も遅れてトーキー導入をはかったチャップリンが初のトーキー映画『独裁者』（40年）で結局果たせなかった夢の主題であり、すでに触れたように、時局の変化とともに、キャプラ本人もまた放棄せざるをえない不可能な主題なのである。

ところでラングドンという喜劇俳優は、その活動時期の短さゆえに相対的に言及されることが少ないが、チャップリンのペーソスに対してより徹底した無邪気さで、キートンの超人的運動能力に対してより徹底した破壊能力で、ロイドの中流階級意識に対してより徹底した幸福への意志で応えるという意味で、より突出した道化であった。そしてそれゆえこれら同時代の喜劇俳優のだれよりもセクシーな表情をまとったラングドンは、のちにキャプラの人民喜劇やスクリューボール・コメディに出演するふたりの二枚目俳優ジェイムズ・スチュワート（『我が家の楽園』38年、『スミス都へ行く』39年）とゲイリー・クーパー（『オペラ・ハット』36年、『群衆』41年）のそれぞれの特徴をじつに不思議な暗合によって先取りしている。つまりラングドンはクーパーの磊落さと困惑を、そしてスチュワートの鷹揚さと情熱をすでにあわせもっていたのである。処女作とのちの四本の代表作とのあいだでのこの主題と主人公のほとんど奇跡的な符合は、作家キャプラの一貫した問題意識を暗示するものだろう。

一九二六年のこの処女作から、記念すべきスクリューボール・コメディ第一号『或る夜の出来事』が現われる一九三四年までの八年間に、キャプラはじつに二一本ものフィルムを手懸けている。そのうち約半分は一九二九年までにサイレントとして撮られ（この時期はサイレントからトーキーへの過渡期である）、たとえば『或る夜の出来事』の女優クローデット・コルベールがスクリーン・デビューを飾るのもキャプラ映画第三作の『マイクの愛のために』（27年）においてである。これは三人の独身者が捨て子の「父親」となり、その子が一人前の男に成長するまでを見守る御伽噺である。次の第四作『呑気な商売』（28年）は億万長者の息子が父親の意にそまぬ娘と結婚したために勘当されながら、若妻の才覚で事業に成功し、ついに父親と和解にいたるまでの話である。いずれも世代間、両性間、そして階級間の葛藤と和解が物語の焦点となっている点でいかにもキャプラ的な主題といえよう。こうした喜劇映画ばかりでなく、キャプラはギャング映画風のものや探偵映画風のものなども手懸けているが、そこに必ず感傷と人情が織り込まれるのが特徴である。あるいは選挙戦中、殺人事件に巻き込まれた新米記者の捜査と恋愛を同時進行で描く『渦巻く都会』（28年）も、のちの三大主題（政治＝メディア＝恋愛）を先取りしていて興味深い。実際こうした作品はすべてしかるべき好意をもって迎えられ、その商業的・批評的成功はキャプラが専属契約をむすんでいたコロムビア社の発展におおきく寄与することになる。ハリー・コーンのコロムビアが他の大手五社（パラマウント、MGM、フォックス、ワーナー、RKO）と肩をならべるほど成長するのもキャプラのおかげであるといっても過言ではない。

トーキー時代に入って最初に注目すべき作品は、女優バーバラ・スタンウィックを「情感のスター」たらしめたメロドラマ『有閑婦人』（30年）である。のちにキング・

ヴィダーやダグラス・サークといった偉大な監督たちのもとで展開する、感情の振幅のなかに一瞬の空白地帯をもちこむ彼女のメロドラマ女優としての資質は、この作品ではじめて開花した。これ以降も彼女は『群衆』をふくめ四本のキャプラ映画に出演し、映画史における監督と女優の幸福なむすびつきを例証することになる。

キャプラのフィルムにふたたび個人と共同体の主題がはっきりと認められるようになるのは、ロバート・リスキンの戯曲をもとにした『奇蹟の処女』(31年)からである。バーバラ・スタンウィックがタイトル・ロールを演ずるこのフィルムでは、浄財目当てにいんちき奇蹟を見せていた「伝道師」が愛に目覚め、熱狂するおおぜいの会衆をまえに真実を告白するところにスペクタクルの山場がくる。偽報による大衆操作と真実の苦い露呈という点で、これは十年後のリスキン=キャプラ共同脚本による『群衆』を先取りしている。同三一年にははやくもキャプラ演出=リスキン脚本のコンビ第一作があらわれる。『プラチナ・ブロンド』である(これ以降、脚本家リスキンはキャプラの代表作のほとんど——全十本——に協力している)。この映画は上流階級と中流階級の夢の交流を金持ち女と新聞記者の男女の三角関係(結婚/離婚)を通じて提出し、観客のスノビズムをくすぐるという点で、二年後のスクリューボール・コメディ『或る夜の出来事』の登場を予言している。つづくキャプラ演出=スタンウィック主演の第三作は監督自身が原案を書いた『たそがれの女』（32年）である。スタンウィックが新聞記者に扮し、愛する政治家のために我が身を犠牲にするメロドラマ仕立てだが、そこに大衆メディアと政治がからみ、田園と都市のモラルの対照がみられるところがキャプラならではの結構である。

さらに同年、キャプラ＝リスキンのコンビの第二作『狂乱のアメリカ』（32年）が公開される。大恐慌を正面からあつかったこの映画は、ローズベルト大統領がニューディール政策をひっさげて登場する直前に撮られたもので、のちの人民喜劇三部作に連なる最初の人民主義色の強いフィルムとなっている。人民喜劇というサブジャンルが満たすべき要件として次の三つが考えられる。すなわち①変人《スクリューボール》呼ばわりされる非順応主義的な個人の存在、②いわゆる人民主義《ポピュリズム》（隣人愛と機会均等の原理）の遵守、そして③個人と共同体の映画的接点としての民衆の存在である。『狂乱のアメリカ』は銀行の取りつけ騒ぎを描いており、これは当時映画をつくる側にとっても見る側にとってもきわめて身近な問題のひとつであった。物語は、この深刻な社会不安がほとんど「反資本主義的感傷」とでもいうべきものによって解決をみるところで終わるが、つまるところその感傷が「人民主義」の姿をとっている。このフィルムの主人公は『チャップリンの殺人狂時代』（チャールズ・チャップリン監督47年）のように大恐慌で破産した資産家ではなく、経営危機下にある銀行の頭取である。現実主義的な同僚の目から見れば、この恐慌の折りにたしかな担保もなしに貸し付け業務をおこなう頭取は、良くいえば理想主義者であり、悪くいえば「常軌を逸した変人《スクリューボール》」である。しかし本人にいわせれば、「アメリカが世界一裕福な国になったのはかれら［一般大衆］のおかげなのだから、ここでかれらに援助の手をさしのべるのが銀行家の本分」なのである。機会均等の原理が失われて爛熟した資本主義の時代に善意と隣人愛を実践する資本家。それこそがキャプラが（そして彼を支持する観客あるいは「一般大衆」が）夢見る理想社会である。

こうした準備期間をおいて、いよいよ映画史にのこるキャプラの代表作が矢つぎばやに撮られる時期がくる。隣人愛を糖蜜のようなセンチメンタリズムでくるんだ喜劇『一日だけの淑女』（33年）ののち、ヒマラヤの奥地に非現実的な桃源郷を設定した重苦しいメロドラマ『失はれた地平線』（37年）をはさんで、理想社会の追求をより現実的な文脈のなかに移した三本の傑作人民喜劇が生まれ、そしてその副産物のようにして三本の傑作スクリューボール・コメディが生まれる。

人民喜劇	スクリューボール・コメディ
『オペラ・ハット』36年	『或る夜の出来事』34年
『スミス都へ行く』39年	『我が家の楽園』38年
『群衆』41年	『毒薬と老嬢』41年

「キャプラ組」顚末記

第二次大戦終結の日から四日後、情報部部長エドワード・L・マンソンJr准将の手によって、四年間にわたるプロパガンダ映画製作活動に関する覚書がまとめられる。この覚書を含む文書は現在ワシントン公記録保存センターやワイオミング大学等に分散保管されているが、六〇〇〇頁におよぶそれら関係資料が写真複写版全集として一九九〇年に公刊された。この浩瀚な全集をひもとけば、情報部映画製作課（非公式には「キャプラ組」と呼ばれていた）はおよそ以下のような経緯で発足したことがわかる。

一九四一年秋、陸軍省広報局の指導のもとに、新兵教育のための十五回にわたる連続講義が準備されていた。講義は今大戦にいたる歴史的背景および欧州各国の戦況を説明するためのものだったが、講義よりも映画の方がより教育効果があがるとの参謀本部長ジョージ・C・マーシャルの判断により、映画監督フランク・キャプラが情報部に少佐として任官登用される。準備されていた全十五回分の講義草稿はキャプラ少佐の監修のもと、ハリウッドの八人の脚本家たち（そのなかには『毒薬と老嬢』41年でキャプラに協力し、のちに『カサブランカ』43年でオスカーを受賞する脚本家ジュリアスとフィリップのエプスタイン兄弟も含まれる）によって映画化のために改稿されたのち、さらに別のスタッフの手によって「我々はなぜ戦うか」シリーズとして知られる七本のプロパガンダ映画として生まれ変わることになる。

マンソン情報部部長のこの覚書はもう一点、「我々はなぜ戦うか」シリーズの製作と検閲がいかに慎重をきわめたかということを教えてくれる。各映画は①脚本最終稿、②フィルムの粗編集、③プリント完成時の各段階で何重もの検閲と承認を受けねばならない。具体的にいえば、①の脚本最終稿段階で(a)情報部部長（マンソン）、(b)情報教育局局長（F・H・オズボーン少将）、そして多くの場合、(c)国務省担当官の検閲と承認を必要とし、さらに②のフィルムの粗編集段階では①の(a)、(b)、(c)の諸手順に加えて、(d)陸軍省広報局と、たいていの場合、(e)参謀本部長（マーシャル）じきじきの検閲と承認が、そして③の試写用プリントの段階では(a)、(b)、(d)、(e)のほかに、さらに(f)陸軍長官本人の承認が必要だった。[*6] この軍隊式の指揮承認系統の複雑さは、のちに鷹揚なキャプラ少佐を心底悩ませることになるだろう。

すでに述べたようにキャプラが任官するのが遅くとも一九四二年二月十四日（日付けは記録によってばらつきがある）。そして二一日にはもうさきに言及した八名のハリウッドの脚本家たち（のうち七名）のワシントン入りが決まっている。手配したのはダリル・F・ザナック中佐である。[*7]『わが谷は緑なりき』（ジョン・フォード監督41年）の製作を終えたばかりのこの二十世紀フォックス社の辣腕プロデューサー（製作担当副社長）をおいて、「キャプラ組」の組おこしにこれほど敏速に対応できる人物はほかにいなかっただろう（ハリウッド古典映画のみごとなパスティーシュで本領発揮するコーエン兄弟の『バートン・フィンク』91年には、衣裳部から軍服を借りだしてきたザナックがスタジオで軍人よろしく陣頭指揮をとる滑稽な姿が描かれている）。その後ザナックは「キャプラ組」に自社スタジオの使用便宜をはかったりするなど、全面的に「キャプラ組」をバックアップするが、もしキャプラが応召していなければ、キャプラの次の商業映画はザナックの協力のもとで撮られていたはずである。当時すでに神話的盛名をはせていたザナックのドキュメンタリー映画製作への参加は、合衆国陸軍のプロパガンダ戦を明らかに有利な方向へと導いたのである。

さて一九四二年二月末に脚本家一行の第一陣がワシントン入りし、四月一日からはいよいよ「我々はなぜ戦うか」シリーズ第一作『戦争への序曲』と第二作『ナチスの攻撃』のシナリオ執筆が並行してはじめられる。しかし承認のためのプリント提出日はそれぞれ一九四二年十月二〇日と一九四三年一月五日となっているから、複数のフィルムのかけもち体制とはいえ、意外に製作に手間どっていることがわかる。

このシリーズは、一本のフィルムの八〇％を既成フィルムの流用で、残り二〇％をディズニー製作のアニメーションによる戦略地図と新たに撮りおろした部分とで構成するよう企画されている。既成フィルムの入手先はハリウッドの各映画会社（二十世紀フォックス、パラマウント、ＲＫＯパテ、ユニヴァーサル等）をはじめ、ニューヨーク近代美術館映像部、英国やオーストラリアなどの連合諸国におよぶ。いいかえれば一本のフィルムの構成要素はおよそ次のようになる。①ニューズリールからの流用部、②商業映画からの流用部、③アニメーション戦略地図、④以上を編集したときに生ずる穴を埋めるために新たに撮影された部分。事実このシリーズの最大の美点は編集にある。とりわけ①と②の併用は編集の基本たる切り返し効果を産む。つまりそれが戦闘場面であれば、攻撃する側とされる側の両方の視点が得られるわけである。たとえばドイツ空軍爆撃機の開いた爆弾倉から眺められた地上に降りそそぐ無数の爆弾の映像（②）に、空襲を受けて燃え上がるワルシャワの映像（①）をつなぐことができる。それどころか逃げ惑う老人や女子供めがけて急降下爆撃機が急降下をかけるという偽りの場面すら、商業映画とニューズリールからの流用フィルムの編集によって可能になるだろう。攻撃する側と攻撃を受ける側との二元論的配置こそ、戦争プロパガンダになくてはならない配置なのである。

「我々はなぜ戦うか」シリーズの編集のみごとさについては後ほどたちもどることにして、ここでは映画の素材の大部分を既成フィルムに頼るこうした製作方法が予想を上回る時間と費用を要したということを確認しておきたい。というのも一九四三年十月十日、ロバート・ロード中佐（『陽気な踊子』28年や「我々はなぜ戦うか」シリーズでキャプラの片腕をつとめたアナトール・リトヴァク監督の『ナチ・スパイの告白』39年などで知られる脚本家）は、予想外の進行の遅れと予想外に膨れあがる製作費について弁明書をしたためねばならなくなるからである。これは作家フランク・キャプラの製作態度を直截に記述していて誠に興味深い資料となっている。弁明書はまず、その時点で完成している九本のフィルム（「我々はなぜ戦うか」シリーズ）の平均製作費が一本につき約六六〇〇〇ドル、平均製作期間が九か月であることを示したあと、次のようにつづけている。

私見によれば、両名［キャプラとリトヴァク］の才能はともに目をみはるものがありますが、部下の指導能力にいささか欠けるうらみがあります。両名の仕事は試行錯誤によって成り立っているように思われます。かれらには、ふたたび私見によれば、高度な前視覚化感覚が備わっておりません。つまりスクリーンで実際に映画を見るまでは、かれらにはそれが気に入っているのかどうかわからないのです。ですから編集につぐ編集の連続となります。……かれらはそれ以上改善の余地なしと納得するまで全工程の全段階について何度でも手を加えてゆきます。……いきおい映画完成にこぎつけるまでに時間と費用がかさまざるをえません。……両名は軍務につくまえから金と時間のかかる監督として有名でした。しかもかれらは自分なりの仕事をやるためにスタジオに叛旗を翻したことでも知られております。

一見したところ戦意昂揚映画製作の直接の責任者キャプラとリトヴァクを非難しているようにみえるかもしれないが、報告書は次のように締めくくられている。「［当局は］キャプラ゠リトヴァクの作品の出来には充分満足しているのですから、まず現行の組織はそのまま維持すること、そして作品の芸術的完成度を犠牲にして出費をおさえることの二点を勧告いたします」。さらにロバート・ロード中佐は次のように付け加えている。「キャプラ、リトヴァク両大佐ほど粉骨砕身任務につくす者はいません。かれらは文字通り昼夜を徹して働き、日曜も祭日もないのです」[*8]。

この報告書の甲斐あって、「キャプラ組」はなんとか現状維持され、終戦までに残り八本のプロパガンダ映画をぶじ産み落とすことになるのだが、かれらの仕事がこの報告書事件以前は順調だったかというと、かならずしもそうではない。「キャプラ組」創設当初から、かれらがさまざまな困難にみまわれたことはキャプラの自伝にも述べられている通りだが[*9]、一九四二年末、自伝でははっきりとは触れられていないある屈辱的な事件が「キャプラ組」にふりかかることになる。キャプラ本人を含め、「キャプラ組」の枢要、脚本家アンソニー・ヴェイラーと編集者ヘンリー・バーマンの三人は、四二年十一月二五日および十二月二一日の両日、使途不明金について監査を受け、証言を求められることになるのだ。使途不明金といっても、要するに多忙をきわめ、ときには自腹を切ることもあったキャプラが情報部映画製作課予算運営にあたって鷹揚にすぎたということにすぎないのだが（たとえば政府の購買注文票を使わずにステーション・ワゴンを購入したなど）、監査官の追及は執拗をきわめ二八ページにわたる㊙扱いの証言記録が残されている。[*10] そもそも「キャプラ組」の活動は純然たるボランティア活動である。およそ十名からなる常任の「キャプラ組」スタッフも、また外部から必要に応じて応援にかけつけるスタッフも、たとえエルンスト・ルビッチのような大監督の場合ですら（ベルリン生まれのこの作家は『これがドイツだ』の製作に協力）、無報酬か日給十ドルでこの愛国的な仕事をこなしていたのである。当時ちょっとした俳優ですら日給百ドルはもらっていた時代であるから、これはいずれにせよまったくの手弁当である。ハリウッド＝ワシントン間のスタッフの移動費など諸経費も陸軍省ではなく、ダリル・F・ザナックを通して映画芸術科学アカデミーによってまかなわれていた。そんな状況のなかでの監査と証言は「キャプラ組」にとって不本意きわまるものだったにちがいない。

システムと戦う個人

先の報告書の一件に話をもどせば、この報告書には興味を惹く箇所がもう一点ある。それはキャプラとリトヴァクが「軍務につくまえから金と時間のかかる監督として有名」であり、「かれらは自分なりの仕事をやるためにスタジオに叛旗を翻したことでも知られて」いるというくだりである。プロパガンダ映画の監修にあたるまえの戦前のキャプラは、実際どのようなスタジオ監督だったのだろうか。

『スミス都へ行く』(39年)を最後に十三年間におよぶコロムビア契約監督時代の幕が引かれ、次作『群衆』(41年)からキャプラはみずからプロダクションをひきいて自主製作をはじめる。このフランク・キャプラ・プロダクション設立にいたるまでの経緯は、硬直した巨大なハリウッドのスタジオ・システムに対する戦いの連続だった。まず自作の商業的・批評的成功を盾に、キャプラは普通ならプロデューサーに握られている権限(脚本、キャスティング、編集に関する基本的な決定権)をスタジオ側から奪い返し、「芸術的完成度」のための潤沢な予算と充分な製作期間をスタジオ側に約束させる。彼の発言力はコロムビア一社にとどまらず、やがて映画産業界全体に広がる。彼は一九三五年から三九年まで、現在はラ・シエネガ通りにある映画芸術科学アカデミーの会長を、そして一九三八年—四〇年には映画監督組合長を務める。こうした肩書きがたんなる名誉職でないことは、キャプラの発言の場が映画界からさらに一般社会、映画の観客の世界へと広がっていくことでも明らかである。キャプラはアカデミー会長としてではなく、一人の人気監督として各紙誌上に論陣をはり、スタジオ・システムから量産される画一的なフィルムに代わって、作家の自由裁量による個性的なフィルムが輩出されるべきであると説く。たとえば大衆誌『エスクァイア』（一九三六年一月号）では、キャプラは一般読者のまえでユーモアをまじえながら映画界に対して次のような五項目の提言をおこなっている。

①映画産業界は良い映画よりも株価操作の方が重要であるという考えをやめること。
②製作各社は劇場所有をやめること。スタジオによる劇場支配の結果、作品の良し悪しにかかわらず、観客は一方的に映画を押しつけられている。
③脚本家、俳優、それに監督は芸術的娼婦たることやめ、サラリーよりも作品のことを考えること。
④検閲に対する映画界の及び腰を断固改めること。もし出版の自由、言論の自由、劇場の自由があるなら、どうして映画の自由があってはならないことがあろうか。
⑤最後に、これが一番大事なことだが、このビジネスの創造の要たる脚本家、俳優、監督たちは強要や脅迫に屈して長期契約にサインするのはやめること。そして自分たちのつくりたい映画だけをつくる芸術家としての気概をもつこと。さもなければ自主製作に乗りだすことだ。[*11]

この五項目の提言にはキャプラの映画観がよくあらわれている。というよりもここで要請されていることがらは監督キャプラの長い映画経歴のなかから必然的に生まれてきたものばかりである。映画には芸術とビジネスという相容れぬ二面があり、作家はスタジオによってつねにビジネス面を重視するよう強いられる。それは作家にとって耐えがたい屈辱である。提言の②について付言すれば、映画産業界は一九三〇年代半ばまでに製作から配給上映までの完全な統合形態を完成しており、とりわけブロック・ブッキングと呼ばれる大作、話題作と乱造フィルムとの抱き合わせ供給は、連邦最高裁による一九四八年の独占禁止法をめぐる同意判決（および翌四九年のブロック・ブッキング配給禁止命令）まで興行主と観客を悩ましつづけることになる。実際これらの提言のうち、いくつかはやがて現実のものとなるし（「ハリウッドの同一パターンを打ち破る」と題された十年後のキャプラのエッセイは、大手スタジオに属さない小プロダクションの活況を報告するだろう[*12]）、いくつかは時代が監督に追いつかぬままやがて彼は現役を退くことになるだろう（提言④が実現されるのは一九六六年のことである）。しかし提言から半世紀たった今日でもなお変わらぬことがある。それは映画はあいかわらずビジネスの場であり、ビジネスの道具だということである。ニューヨークのフィルム・スクールでは一ダースものプロデューサーたちがいれかわりたちかわり、作品の質ではなく資本回収と利益配分の方法を指導し、若い学生たちは映画の理念よりもまず経済観念を優先的に教育される。

さて先の提言につづけてキャプラはさらにこう力説する。「確固たる個人の登場、それがハリウッドには是が非でも必要だ。システムに戦いを挑むことのできる個人だ。さまざまな個性を長期契約のもとに押さえつけるシステム、年に五、六〇本の映画を前金で売りつけるシステム、それゆえ素材を求めて気違いじみた争奪戦をくりひろげ、秀作、駄作、凡作を問わず、とにかく映画公開日に間に合わせるためにはどんな争奪戦でも辞さないシステム、これと渡り合える個人がハリウッドには必要なのだ」[*13]。ここで要請されている「[ハリウッド・スタジオ・]システムに戦いを挑むことのできる個人」は、当時の映画界には結局キャプラ本人をおいてほかに見当らないし、また「システムと渡り合える個人」という表現は資本主義的システムと戦い、共同体を浄化するキャプラの人民喜劇の主人公たちを想起させずにおかない（この時期、才能ある監督がプロデューサーを兼ねることがハリウッド全体に少しずつ広がっていくことは、ジョン・フォード、エルンスト・ルビッチらの動向にもみてとれる）。キャプラがみずからを暗に人民喜劇の主人公になぞらえるこの論文が、人民喜劇三部作の第一作『オペラ・ハット』公開の年（一九三六年）に発表されたというのもたんなる偶然ではあるまい。それどころか彼が公にするものは、それがフィルムであれ、論文エッセイの類であれ、あるいは七四歳のときに公刊される自伝であれ、しばしば抑圧的システムに戦いを挑む個人を表象する。それゆえ映画のなかだけではなく、映画の外でもまたシステムと戦う個人を顕彰するフランク・キャプラがファシズムという全体主義的システムと出遭ったとき、どのような反応をみせるかはおのずと明らかなように思える。

プロパガンダ映画のディコンストラクション

さてこのあたりで「キャプラ組」のプロパガンダ・ドキュメンタリーをつぶさに分析してみる必要があるだろう。

「キャプラ組」製作のドキュメンタリー映画は長短篇あわせて全部で十七本あるが、そのなかに比較的長尺の部類に入る『黒人兵』という約四五分のフィルムがある。ここではこの特異なフィルムを中心にプロパガンダ映画がいかにプロパガンダたりうるのか、いいかえればいかに情報の送り手が意味を一元化して受け手に供給するのかを検討してみたい。

まずこのフィルムが興味深いのは、それがいかにも合衆国的な課題をかかえているからである。湾岸戦争やヴェトナム戦争のときもそうだが、合衆国にとって戦争遂行上の重要なポイントは、戦いの有力な担い手たる黒人をいかに「白人の戦い」[*14]に動員するかということである。黒人の側からすれば、アメリカの戦いは白人の利益と大義が先行するあくまでも白い戦いである。そこに黒人が合衆国国民として参加するには、国内には未解決の人種問題が山積しすぎる。しかしそれでも開戦を決定した白人は黒人の応召を促さねばならないし、応召後の人種間の摩擦は最少限に抑えられねばならない。[*15]これは合衆国戦史上の定数的課題であり、第二次世界大戦のさい、この課題に挑戦したのが「キャプラ組」であった。

「オリエンテーション・フィルム　第51号」とも呼ばれる映画『黒人兵』（スチュアート・ハイスラー監督44年）は黒人兵を鼓舞し、その士気を高め、そして白人兵との摩擦を回避するのが第一の目的である。そのためには合衆国史上、黒人がいかに重要な役割をはたしてきたかということを力説せねばならない。そして力説する主体は黒人観客にとって馴染み深く、しかも権威あるものが望ましい。それゆえ黒人説教師が教会で黒人会衆にむかって説教するというかたちがとられる。説教という聖化された枠組みのなかなら、どんなセンセーショナルな場面でも正当化はむずかしくないだろう。「我々はなぜ戦うか」シリーズにはみられなかったこの外枠の採用によって、当局のプロパガンダはより正統でより安全なものとなり、映画の観客（当初は黒人兵士やその家族、のちに一般観客）は黒人教会のなかで長椅子に腰掛け壇上の説教師の言葉に耳をかたむける会衆同様、言われたことを疑わずそのまま受け容れることができるだろう。

プロパガンダとは定義上、受け手が知りたいことではなく、送り手が知らせたいことだけを伝える一方向のコミュニケーションであり、真実の伝達よりもむしろ真実の捏造に関心がある。この意味で、プロパガンダ映画の題名がもっぱら一人称と二人称のあいだで決められているということは象徴的である（「我々はなぜ戦うか」『きみたちの敵を知れ』『ドイツでのきみたちの仕事』）。そこで問題なのは「わたしとあなた」の関係であり、それは第三者であり第三人称である敵を介して、そしてそれを排除することによって親密な共犯関係をむすぶ。その密な関係のなかでこそ意味は一元化され、意志疎通と情報伝達にはもはやなんの障壁もないことになる。事実『黒人兵』のプロパガンダぶりは、合衆国の「栄光の」歴史がひとえに黒人たちによったことを強調する点においていかんなく発揮される。このフィルムの脚本を書き、みずから黒人説教師を演ずる好青年カールトン・モスの熱弁によれば、黒人は独立戦争のときも市民戦争のときも、鉄道敷設の時代からキューバ解放、第一次世界大戦にいたるまで、つねに自由と民主主義のために戦ってきた歴戦の勇士である。そしてモスのナレーションにあわせて観客＝会衆は、黒人が勲章を受ける晴れがましい場面から、ベルリン・オリンピックでドイツや日本の選手を打ち負かす力強い場面（ニューズリールからの引用）、あるいはまたフランス解放にあずかった黒人兵を記念するモニュメントがナチの手によって無残に爆破される現場まで見せられる（『黒人兵』のために新たに撮られたシーン）。さらに壇上の説教師モスは人種差別政策を謳うヒトラーの『我が闘争』を引用し、「自由の騎士」黒人と「自由の抑圧者」ファシズムの対立図式をこれ以上は望めないほど明確にするだろう。

こうして黒人観客の心をつかんだのち、映画はたとえばトラックで運びだされる屍体の山などヨーロッパ戦線の惨状をニューズリールを使って断片的に示し、そのうえでさらに驚くべきシーンを実写フィルム（ジョン・フォードの『十二月七日』）から引用する。それは十二月七日のパールハーバー惨劇をあつかった（ことになっている）もので、①弾幕をくぐりぬけて艦にせまる日本軍戦闘機、②それにむかって艦上から機銃掃射している（ことになっている）黒人兵のクロースアップ、③日本機の銃弾をあびて甲板に倒れる同黒人兵の場面である。『黒人兵』に引用されたこのシーンは、④倒れた黒人兵に代わって白人兵が銃座を守るところで終わるが、キャメラは固定されたままなので、白人兵が機銃をあやつる画面上では、かたわらの黒人兵が致命傷をおったのかどうか定かでない。彼はただ倒れたままぴくりともしない。

このシーンの前半（①―③）では戦う黒人兵の雄姿がほとんど商業映画的なキャメラワークと編集によって強調されるが、彼が銃弾をあび、戦うことをやめるや、白人兵によって画面から遠ざけられてしまう（④）。ひるがえってみれば、それまで黒人兵がキャメラの（そしてそれゆえ観客の）視野と関心の中心たりえたのは、彼が戦う黒人だったからであり、そのかぎりにおいて銃弾をあび戦いをやめた黒人は画面のうえでもはや充実した中心たりえない。普通の物語映画ならば、倒れようが脇にどけられようが、それまで画面の中心を占めていたものが突如このように冷遇されるようなことはない。かならずパンをするなりショットを切り替えるなりして、倒れた英雄の顚末をはっきりと観客に示すだろう（たとえば『黒人兵』と同年につくられた戦争映画『戦うサリヴァン兄弟』［ロイド・ベイコン監督44年］を見れば、まったく同様の艦上戦闘シーンでは、敵銃弾をあびて銃座を離れる負傷兵［白人兵］に、キャメラと白人戦友がしかるべき手をさしのべるさまが確認できる）。かくしてプロパガンダ映画『黒人兵』において驚くべきことは、英雄からの黒人の急激な転落ぶりである。黒人兵は敵機に向かう一人の勇士から一瞬にして零度の存在にまで転落し、その間の諸段階を踏むことはない。倒された英雄たる黒人には、物語映画なら当然はらわれてしかるべき敬意と関心がはらわれないまま、ただ1から0へ、戦闘から非戦闘へ、勇士から死体へと機械が壊れるように唐突に移行するだけである。つい先ほどまで大きくとらえられていた戦う黒人兵の顔は、画面の隅においやられたままついに一顧だにされぬままこの場面は終わるのである。

プロパガンダはこうしてみずからの意志を裏切って曖昧な表情を露呈してしまう。情報の送り手は大事な場面で意味を一元化しきれず、届けるつもりのなかった余分な意味まで受け手に伝達し、戦う黒人兵の雄姿を見せるつもりで、はからずもプロパガンダの作り手が日頃黒人に対して抱いている感情を垣間見せてしまうのだ。これはまず非戦闘員（黒人）を有能な戦闘員（黒人兵）へと育成する目的でつくられたオリエンテーション・フィルムである。この0から1へのすみやかな移行こそが、この映画の正当なる観客（黒人新兵）に求められていることであって、それ以外のいかなるヴェクトルも求められておらず、まして1から0への転落など断じて求められていない。白人英雄の緩やかな死のプロセスなら同時代の商業映画のなかで感傷たっぷりに描かれることだろう。しかし、これは官製プロパガンダ映画である。そこでは黒人は勇敢に戦えばそれでよいのであって、彼には感傷にまみれた死は言葉のいかなる意味においても必要ない、フィルムはこの部分であたかもそのように呟いているかのようである。

だが『黒人兵』はまがりなりにも大衆的な人気を誇った喜劇映画作家フランク・キャプラの監修になるフィルムである。このような曖昧な表情をまとったまま映画が終わるはずがない。前半部での黒人英雄の機械のような死は、映画が終わるまでになんとしてでも償われねばならないはずである。さもなければ、これはとても黒人新兵を鼓舞し、その家族の共感を得るようなプロパガンダたりえないだろう。そして事実映画は後半、キャンプでの訓練生活をひとしきり説明しおわると、ふたたび、しかし唐突に（戦闘場面の唐突さというのは、断片的映像を再編集する戦争プロパガンダ・ドキュメンタリーの構文上の特徴であり、それについてはまた別の機会に論じねばならないだろう）、しかも海上ではなく、今度は陸上での黒人兵と戦闘機のスペクタキュラーな一騎討ちを提示することになる。一騎討ちというのは、この場合いかなる比喩でもない。キャメラは重機関銃を連射する黒人兵の顔のクロースアップとともに、両翼から機銃掃射をあびせる戦闘機パイロット（日本兵）の顔のクロースアップ（商業映画『空飛ぶ虎』［デイヴィッド・ミラー監督43年］からの流用）を迫真のリズムでカットバックするからである。せまりくる戦闘機が地上の銃座とすれちがう一瞬の勝負ののち、今度こそ黒人兵はみごと敵戦闘機を射ち落として勝利の笑みを浮かべることになるだろう。それが可能になるのは、これが実写フィルムからの引用ではなく物語映画からの引用だからであるが。しかしいずれにせよこの場面が映画全体の基本的トーンを決定づけていることは疑いない。それは結局全体の構成を犠牲にするかたちで前半部の小さな破綻をなんとか覆い隠すことに成功する。

とはいえ『黒人兵』の細部と全体的構造の両面にわたるこうした小さな破綻とそれが産みだすちぐはぐな印象は、このフィルムが上映にこぎつけるまでの錯綜した製作過程をみれば[*16]、よりいっそう強まるだろう。脚本執筆は一九四二年六月にはじめられ、その十三か月後にようやく承認用プリントの提出となり、製作費は約七八〇〇〇ドルまでふくれあがる。「我々はなぜ戦うか」シリーズの平均製作費(約六六〇〇〇ドル)と平均製作期間(九か月)をいずれも大幅に超過している。

そもそも『黒人兵』の製作は脚本段階から難航した。「良心派」マーク・コネリー(同じ一九四二年製作のスクリューボール・コメディ『奥様は魔女』[ルネ・クレール監督、プレストン・スタージェス製作]の脚本家)による初稿は「ドラマティックすぎる」と拒否されるし、一流中の一流ベン・ヘクトとジョー・スワーリング(キャプラ映画の常連脚本家)の第二稿は「事実にかなっていない」と批判される。最終的に脚本の責任を一人で負ったかたちの黒人作家カールトン・モスの初稿すら厳しい検閲の目にさらされている（次章のカールトン・モス・インタビューを参照されたい）。製作進行の遅れの一因は監督交替にもある。当初『黒人兵』はウィリアム・ワイラーが監督することになっており、彼は脚本担当のスワーリングやモスとともにアラバマに取材旅行にでかけている。しかしワイラーの空軍への転属のため、急遽スチュアート・ハイスラーが演出を代行することになる。ハイスラーは一九三〇年代のエディ・キャンターの喜劇映画の編集で頭角をあらわし、のちに『ガラスの鍵』（42年）、『崩壊』（47年）、『東京ジョー』（49年）などの手堅いフィルム・ノワールで知られることになる監督だ。一九四三年七月に承認用プリントが提出されたのちも軍上層部による検閲はつづき、人種間感情を逆撫でするおそれのある箇所（黒人将校の場面や、白人看護婦につきそわれた黒人傷病兵の場面など）の削除がおこなわれ、最終的に上映許可がおりるのは製作開始から二〇か月もたった一九四四年一月のことである。

こうした困難をのりこえてプロパガンダ映画『黒人兵』は今日われわれの目にふれることになったのだが、ここで強調しておきたいのは黒人説教師を演ずるカールトン・モスの顔と声の表情についてである。『黒人兵』のなかでモスは、まず説教家として物語の権威を、そしてナレーターとして言説の権威を二重につかさどり、しかも映画の外では脚本家として作者の権威すら纏っているが、その彼が説教家＝ナレーターとして映画の視聴覚的記号表現を体現するとき、この映画は普通のプロパガンダ・ドキュメンタリーならとうてい帯びることのできないある自信に満ちた表情を獲得する。モスが本気で黒人の未来に賭け、黒人の現状を憂い（その具体的な言及は映画のなかにはもはや存在しないが）、黒人のために映画に登場していることは、彼の三重の権威の衣を通してでも明らかすぎるほどである。彼が軍当局の思惑とはまったく別のところで、黒人に向かって、そして白人を含めた一般観客に向かって語りかけていることは、バスト・ショットでとらえられたモスのその緊張をはらんだ真摯な表情から明らかである。それは見る者をほとんど楽天的な気分にさせてくれる映画の基本的トーンとはまた別の次元で、われわれ観客に黒人の困難だが明るい未来を信じさせることに成功する。これはすでに詳述した戦意昂揚映画としての『黒人兵』の小さな破綻ぶりと、それをやはり最終的には補償しようとする勢いをもつ映画全体のリズムとは異なるところで、この映画を支えている。映画のなかで現実以上にもちあげられた黒人像は、あるべき黒人の理想像かもしれないが、モスはまさにそのあるべき理想のつましやかな預言者として画面に登場している。この映画のこうした印象は、黒人作家ラングストン・ヒューズをしてこのフィルムを「アメリカ映画史上もっとも注目に値する黒人映画」[17]と呼ばしめたものと合致するだろう。

こうしてキャプラ監修のプロパガンダ映画『黒人兵』はその基本において、未来に全幅の信頼をおく、楽観的な目的意識のはてに世界と人間が調和するキャプラの大半の戦前喜劇映画と正確に重なることになる。キャプラにとって喜劇映画とプロパガンダ映画は理想社会の探究という一点において同根なのである。

ディズニー・アニメーション

さて最後に「我々はなぜ戦うか」シリーズの特筆すべき点をもうひとつだけひろいあげておきたい。このシリーズの映画の構成が四種類のフィルム断片からなることはすでに述べた通りだが、そのなかでウォルト・ディズニー・プロダクションズが担当するアニメーション部分の役割について検討したい。前にもふれたように、「我々はなぜ戦うか」シリーズは一本の映画の八割を既成フィルムの再編集でまかない、残り二割を新しく撮影した部分で構成するよう企画されている。そして驚くべきことに、その新部分の大部分がディズニーの流麗なアニメーションなのである。

一般的にいって、アニメーションにはふたつの大きな特徴がある。ひとつは宇宙論的・全体的視野であり、もうひとつは連続的な時間経過である。前者は今日なお実写フィルムが獲得困難な視点のひとつであり、後者はたんなる図表指示では得られない特徴である（この「我々はなぜ戦うか」シリーズがもともと武骨な一連の講義として計画されていたことを思いだそう）。第一の特徴についていえば、たとえば恐怖映画『シャイニング』（スタンリー・クブリック監督80年）冒頭部の、急峻な山道を走り抜ける車を連続的にとらえた滑らかな空撮シーンは、そこで醸成される恐怖の質において宇宙論的視野にせまるとはいえ、それでもアニメーション映画『魔女の宅急便』（宮崎駿監督89年）の同様のシーン（海岸を走り抜ける列車から対岸の島をとらえたもの）と比較すれば、実写フィルムがいまだに限定的な視野しかもっておらず、空間の統合把握においてアニメーションの詩学に水をあけられていることは明らかである。映画における宇宙論的・全体的視野の探究は、地球から銀河までを走査する古典的実験映画『パワーズ・オブ・テン』（チャールズ・イームズ監督68年）から最近のコンピュータ・グラフィックスにいたるまで、つねに今日のこの領域の基本的関心事である。

話がいささか逸れたが、これまで対岸の火災視してきた戦いがパールハーバーによっていざ自分たちのものとなると、一般の合衆国国民は当然「我々はなぜ戦」わねばならないかという素朴だが切実な問いを問わざるをえなくなる（この問いが日本の戦争映画には欠落しがちであったことはまた別の問題系をかたちづくるだろう)。この火急の問いに軽便な即答をあたえることができるのが宇宙論的・全体的視野をそなえたアニメーションである。無論そうした視野は一から捏造されたものであり、そもそもそうした問いに一元的な答えをあたえようとすることじたい、プロパガンダのプロパガンダたるゆえんであるが、プロパガンダ映画にアニメーションの、しかも当時世界最高の水準をもったディズニー・アニメーションの活用に思いいたったことは、「キャプラ組」とそれを管轄指導した参謀本部長マーシャルの勝利だといわねばならない。「我々はなぜ戦うか」シリーズはもともと連続講義として計画されたものだった。しかし、どんなにすぐれた講師の雄弁でも、ディズニー・アニメーションの全体的視野とニューズリール(短篇ニュース映画)の具体的な説得力にかなわないだろう。たとえば同シリーズ第一作『戦争への序曲』(このフィルムはパールハーバー奇襲からわずか四か月後の一九四二年四月に脚本執筆が開始され、一九四三年二月に一二五本のプリントが米国本土ならびに連合諸国へと配給されている)[*18]は大きく総論と各論にわかれる。総論で自由主義国家とファシズム国家の色分けを明確にし、各論では満州事変から説きおこして、イタリアのエチオピア侵攻などを豊富な映像資料で見せるのだが、そうした具体的であるがゆえに断片的な映像に統合的な意味と全体的な視野をあたえるのが総論におけるアニメーションの役割である。

もうすこし具体的に話そう。映画がはじまると、まず暗い宇宙空間にふたつの地球がぽっかりと浮かんでいる。ディズニーならではの精密なタッチのアニメーションである。左側の明るい地球は「自由の国」を表し、右側の暗い地球は「隷属の国」を表しているという。ナレーションはつづけて「どちらか一方が生き残るためには、もう片方が死ななければならない」と断言する。こうしてアニメーションが文字通り地球的規模で連合国と枢軸国との二元対立を強調すると、場面は変わり、再編集されたニューズリール断片が、連合国ではいかに個人個人がのびのびと意見を述べ合い、子供たちが楽しく学校教育を受けているかを明るい笑顔のクロースアップ中心で示し、対照的に枢軸国ではいかに全体が重視され個人が抑圧されているかを行進や軍事教練や演説シーンを中心にもっぱらロング・ショットで示す。そうして画面はふたたびアニメーションとなる。今度は世界地図が描かれており、枢軸国から伸びる邪悪な黒い触手がちょうど細菌培養の微速度撮影映画のような感じで欧州をおいつくし、ついには米国に到達するまでを見せる（ディズニーのアニメの動きにはもともと油滴のような粘性があり、それがこの場合効果をあげている）。それからドイツのラジオ放送のプロパガンダの脅威に言及するところでは、ちょうどRKO映画の冒頭のロゴのような屹立す

ＲＫＯ映画のロゴ

る巨大アンテナから暗雲たちこめる空にむかって「嘘」という文字の電波が乱れ飛んでゆくさまがアニメーションで描かれる。「嘘」が文字通り流言飛語として大空にばらまかれてゆくさまは秀逸である。要するにイメージとしてつかみづらいもの、描写対象が世界的規模でしかも刻一刻と変化するもの、そして不倶戴天の敵のように文字通り宇宙論的視野を要するものがアニメーションで的確に図示されるのである。

こうしてわかりやすさとイメージの鮮烈さという点からすれば、これほどすぐれたプロパガンダ映画はなく、事実『戦争への序曲』は一九四三年度アカデミー賞最優秀ドキュメンタリー賞を受賞して、手さぐりで記録映画づくりをはじめたフランク・キャプラたちにたしかな自信をあたえることになる。

最後の人民喜劇

以上の知見にたって、もう一度キャプラの戦前の喜劇映画をふりかえってみれば、プロパガンダと人民喜劇の差が思いのほか縮まっていることがわかるだろう。とりわけキャプラ任官の一年前に撮られた人民喜劇『群衆』(41年)の場合は兆候的である。『群衆』の物語は、不況のあおりで馘首された女性新聞記者アン(バーバラ・スタンウィック)が読者の投書を捏造するところからはじまる。投書は社会腐敗を嘆く一市民が、抗議の意をこめてクリスマス・イヴの日に市庁舎から投身自殺する旨予告する。投書の主は典型的・平均的アメリカ人を含意するジョン・ドウを名乗っていることになっている。腹立ちまぎれにでっちあげられたこの手紙が新聞に掲載されるや、読者の大反響を呼び、アンは起死回生の企画の立案者として新聞社に再雇用されることになる。しかし競合紙の正当なる中傷をはねつけるため、アンは投書子ジョン・ドウが実在することを証明せねばならなくなる。おりしも新聞社には我こそはジョン・ドウなりと名乗りをあげる浮浪者が大勢つめかけており、彼女はそのなかから一番誠実そうな長身の元野球選手（ゲイリー・クーパー）を選びだす。彼はラジオに出演させられ、アンが亡父の日記から練りあげた感動的な演説草稿を読みあげる。放送の反響は大きく、隣人愛をうったえる虚構の英雄ジョン・ドウのイメージが民衆の胸にしっかりきざみこまれる。ところがそこにジョン・ドウの人気を政治的に利用しようとする男が現われる。新聞社の大株主で大統領選挙に野心を燃やす政治家ノートン（エドワード・アーノルド）である。彼は金と時間をかけて全米各地にジョン・ドウ・クラブを設立し、きたるべき全国大会の日に自分を社会の救世主としてジョン・ドウに指名させる魂胆でいる。世情に疎い「ジョン・ドウ」だが、さすがに自分が政治的に利用されていることに気づき、すべてを告白するつもりで熱狂する民衆の待つ雨の大会会場へとおもむく。ところが「ジョン・ドウ」の告白より早く、ノートンは会場に新聞号外を配布し、ジョン・ドウが偽物であり、自分もまただまされていた一人にすぎないと主張する。怒号の渦巻くなか「ジョン・ドウ」にはなんの弁明の機会もあたえられない。

ここまでの要約から明らかなように、最後の人民喜劇『群衆』が考察するのは、マスコミがいかにやすやすと虚構の英雄をつくりあげ、そして大衆がいかに真実よりも虚報の方を好むかということである。そこには『当たりっ子ハリー』（26年）に予言され、三〇年代の人民喜劇に発展した楽観的な主題はもはやあとかたもみられない。ひとりの純真無垢な変人が共同体を浄化するという主題は不可能になってしまったのだ。それどころかスクリューボール「ジョン・ドウ」はマスコミに翻弄され、政治の道具となり、ついには民衆からも見はなされてしまう。ここからは、かつてスクリューボール「ロングフェロー・ディーズ」が資本主義の悪弊から自由であったことなど想像もできないし（『オペラ・ハット』36年）、いまひとりのスクリューボール「ジェファーソン・スミス」が何十時間もの国会演説のはてに政治腐敗を浄化したことなど夢のような話である（『スミス都へ行く』39年）。もはや個人はひとりで共同体を浄化するほど幸運にも才能にも恵まれてはいないし、共同体は一個の常軌を逸した人間の行動によって浄化されるほど単純なものでもない。

しかしそれにしても『群衆』のこの苦渋に満ちた教訓はいったいどういうことなのだろうか。『オペラ・ハット』『スミス都へ行く』『群衆』の三本は一般に人民喜劇三部作と称せられるが、そもそも『群衆』はかならずしも明快な喜劇として企画されたものではなかった。それはむしろ理想社会追求のはての挫折と頽廃の物語、ヒトラーに象徴される同時代的現実の反映の物語として出発している。それが今日のようなハッピー・エンディングで終わり、喜劇の体裁をとるにいたるまでには紆余曲折があり、一般公開後にすらエンディングの撮り直しと差し替えがおこなわれているほどである。このあたりの経緯についてキャプラの自伝『題名より名前が上』は例によって詳細にたちいらないが、それでも当初より『群衆』には「五つのエンディング」が用意され、そのいずれも試写会での反応は良くなかった旨しるされている。[*19] あまりにも多くの版が用意されたため、当時「ジョン・ドウ」が予告通り市庁舎の屋根から投身自殺するヴァージョンが存在するという噂が広まるほどだったが、最新の調査でもこの噂を裏づける資料は見つかっていない。[*20] しかしいずれにせよ現行版のエンディングでは、アンの愛の告白と一から出直そうとうったえるジョン・ドウ・クラブ・メンバーの説得によって、ジョンは自殺を思いとどまることになる。

映画『群衆』が主人公の身の処し方をめぐってエンディングで苦しんだということは、これが結局人民の英雄についての物語ではなく、民衆の愚行についての物語だということを暗示する。『群衆』はその点で虚報とプロパガンダについての感傷的考察となる。一個人の思惑とはまったく別のところで国家的陰謀は進行し、アメリカの大衆はよかれあしかれ情報操作に対して無防備である、このフィルムはそう結論づけている。このような結論から、キャプラ任官まではたいして大きな距離ではなかろう。

注

＊1 Document 59: Verbatim Testimony, Frank Capra, November 25. 1942, p. 318, Box 1163, RG159 in ed., David Culbert, *Film and Propaganda in America: A Documentary History Vol. II* (Greenwood Press, 1990). ただしキャプラの自伝等とは日付の細部に異同がある。Cf., Frank Capra, *The Name above the Title: An Autobiography* (Vintage Books, 1985), pp.311–22.

＊2 Rene Clair, *Cinema Yesterday and Today* (Dover Publications, 1972), p. 200.

＊3 Joe Morella, Edward Z. Epstein, and John Griggs, *The Films of World War II* (The Citadel Press, 1973), p. 12.

＊4 Dorothy B. Jones, "The Hollywood War Film: 1942-1944," in *Hollywood Quarterly* (October 1945, vol.I, no.1), pp.1–19.

＊5 Document 10: Sidney L. Bernstein, "The War Job of Motion Pictures," June 26, 1942, Entry 1, Box 3, RG308, Records of the Office of War Information, Suitland in ed., David Culbert, *Film and Propaganda in America Vol.I* (Greenwood Press, 1990).

＊6 Document 14: Memo, Lyman Munson to Robert Cutler, August 18, 1945, 062.2, Box 49, A45-196, Suitland in ed., David Culbert, *Film and Propaganda in America: A Documentary History Vol. III* (Greenwood Press, 1990).

＊7 Document 19: Telegram, Darryl Zanuck to Chief Signal Officer, February 21, 1942, 062.2, Box 49, A45-196, Suitland in *Film and Propaganda in America: A Documentary History Vol. III*.

＊8 *Meet Frank Capra: A Catalog of His Work* (The Stanford Theater Foundation, 1990), p. 38.

＊9 Frank Capra, *The Name above the Title: An Autobiography* (Vintage Books, 1985), pp. 325-67. なおこの自伝は濱口幸一氏によって翻訳刊行される予定である。

＊10 Document 59: Verbatim Testimony, Frank Capra, November 25, 1942, pp. 318-329, Box 1163, RG159; Document 63: Verbatim Testimony, Anthony D. Veiller, December 21, 1942, pp. 781-787, 333.9, Box 1165, RG159; Document 64: Verbatim Testimony, Henry M. Berman, December 21, 1942, pp. 788-796, 333.9, Box 1165, RG159 in *Film and Propaganda in America: A Documentary History Vol.II*.

＊11 Frank Capra, "A Sick Dog Tells Where It Hurts," in *Esquire* (January, 1936), p. 87.

＊12 Frank Capra, "Breaking Hollywood's 'Pattern of Sameness'," in *The New York Times Magazine*, p. 18, p. 57.

＊13 "A Sick Dog Tells Where It Hurts," p. 130.

＊14　Document 27: Memo,"Objectives of Orientation and Information Films to Be Produced by Special Service," n.d. [July 2, 1942], 062.2, Box 49, A45-196, Suitland in *Film and Propaganda in America: A Documentary History Vol.III.*

＊15　軍隊内部での人種差別というこの難題を解決する一方策として、一九七一年以来合衆国陸軍は、黒人をはじめとした有色人種兵と白人兵との混成小グループを編成し、そのなかで人種問題を徹底討議するという特別教育コースを開設している。

＊16　*Meet Frank Capra*, pp. 44-45.

＊17　Victor Scherle and William Turner Levy, *The Films of Frank Capra* (Citadel Press, 1977), p. 212.

＊18　*Meet Frank Capra*, p. 39.

＊19　*The Name above the Title*, pp. 294-308.

＊20　Charles Wolfe, "Meet John Doe: Authors, Audiences, and Endings," in ed., Charles Wolfe, *Meet John Doe: Frank Capra, Director* (Rutgers University Press, 1989), p. 11.

第3章

雇われた黒人

カールトン・モス・インタビュー

前章に登場した有名な喜劇映画作家フランク・キャプラのもとで働いた男、それが本章の黒人主役カールトン・モスである。

アメリカが第二次大戦への参戦を決定したとき、連邦政府は当然プロパガンダ映画戦の準備をすすめることになる。しかし、そのさい深刻な国内問題として浮上してくるのが黒人動員の方法である。政府は、国民の少なからぬ割合を占める黒人男性をいわば白人の戦いのために動員せねばならず、そしてそのための有効にして妥当なプロパガンダ映画づくりにはげまねばならなかった。そしてその官製プロパガンダ映画体制に協力するのが白人映画作家フランク・キャプラであり、彼のもとで働く黒人放送作家カールトン・モスであった。

わたしがアメリカにリサーチにでかけたその最初の年にフランク・キャプラは亡くなった。キャプラ本人の口から当時のことを聞くことはついに果たせなかったが、キャプラがつねに陽のあたるところにいたとすれば、いわばつねに日陰に身をおくことを強いられたひとりの黒人作家と出遭い、キャプラとはおそらくまったく別の観点から「時代の証言」を引きだすことができた。

本章は、前章で考察したアメリカ合衆国におけるプロパガンダ映画戦の定数的課題としての黒人問題を、その当事者の生の声として再現したものである。

老兵は死なず

いま黒人映画がブームである。スパイク・リー、ジュリー・ダッシュ、マリオ・ヴァン・ピープルズ、ジョン・シングルトンらアフリカン・アメリカンの若手作家たちがハリウッド映画の主流を形成しつつある。しかし一九九〇年代前半を飾った彼ら若い才能も無から生まれてきたわけではなかった。

ここに登場する男カールトン・モスは、彼らの大先輩として、もっとも困難な時代を生きてきた黒人映画作家である。黒人が白人たちにまじってハリウッドで脚本を書き、主演を演じることなど事実上不可能だった時代に、それをなしとげた男。それがカールトン・モスである。彼は一方で白人の利益にかなうような映画をつくることを期待され、同時にその困難な状況を梃子に黒人の利益を最大限はかるような、そんな体制内反体制の映画をつくろうとした。

時代は第二次大戦中、フランク・キャプラが喜劇映画の監督から戦意昂揚映画の監修者へと転身するときである。ウィリアム・ワイラー、ジョン・フォードをはじめ、つぎつぎとハリウッドの一流映画人が戦争協力へと傾いているとき、国内の人種差別問題を棚上げにして、国外の人種差別政策（ヒトラーのユダヤ人虐殺）にたいして異議をとなえねばならない、そんな矛盾した状況のもと、ひとりの黒人映画作家が誕生する。

以下は八十歳になろうとする今日もなおドキュメンタリー・フィルムを撮りつづけるひとりの老兵の「時代の証言」である。

プロパガンダを撮る

——最初にお訊きしたいことは、どのようにして戦意昂揚映画『黒人兵』の製作に関わるようになられたのかということです。

モス　それがはっきりとはしないのです。キャプラも自伝［『題名より名前が上』］に書いているように、当時はニューズリール、それも兵士たちがどこにいて、キャンプではどんな生活をおくっているのかといったことを見せるニューズリールの製作をどうするかが問題でした。そういった映画のなかに黒人を扱ったものなどなかったのです。つまり、そもそも頭数に入っていない黒人のそんなフィルムなど、わざわざ見に行きたくもないだろうと考えられていたのです。そのうえ議会で軍を掌握していたのは南部出身議員でした。軍当局も南部の反感を買うようなまねはしたくなかったのです。政府支出金を取ろうとする議員は、委員会の承認を得なければな

カールトン・モス

りません。委員会を牛耳っているのは誰でしょう？　長老議員です。では委員会で長老といえば誰のことか？　それが南部選出の議員だったのです。なにしろ黒人は投票しないのですから、選挙システムそのものが自分たちを永遠に議会に送り続ける仕組みになっていたのです。そういうわけで、南部を敵にまわすようなことはできない。こうした事情が黒人兵の抱える問題をないがしろにしていました。

　ある黒人兵がニューヨーク、フィラデルフィア、シカゴ、そういった北部の都市を後に南部へ向かったとしましょう。しかし南部に足を踏み入れることは、彼にとって「地雷源」を進むようなものなのです。しかもその「地雷」がどこのあるのかわからない。ある町では水飲場に「白人専用」と書かれてあるかと思えば、別の町にはそんなものは何も書かれていないといった具合ですから。その結果、どうしてももめ事に巻き込まれてしまう。悩みは尽きませんでした。問題だったのは、黒人兵は動員後、その両親や妻とまったく接触が断たれていたということです。つまり家族がどこで何をしているかまったく知る術がなかったのです。なにしろ「会え(see)」ないんですからね。

――文字通り、誰も息子たちを「見る(see)」ことができなかったわけですね。

モス　そう、まさにその通りです。劇場で誰も黒人兵を見ることはできなかったのです。劇場側も、黒人兵に関するものは一切扱おうとしなかったし、撮る側にしてみても、彼らをフィルムに撮る気などまるでなかった。このようにして、黒人兵と白人兵とのあいだの軋轢、もめ事、敵愾心は深まる一方でした。しかも兵士当人たちにとって不利な方向へとね。ときのローズヴェルト政府は、大統領夫人の助言を容れて、いくつかのポストにリベラル派を起用していたのですが、その人たちがこの問題の実態に気づきました。そこで彼らリベラルは（そのほとんどは黒人でしたが）ある決断を下します。

すなわち、われわれは残された黒人女性たちのために、彼女たちの愛する男たちの身にいま何が起こっているのかを教える必要がある。このことは他のいかなる問題とも関係がない。息子や夫、恋人がいま何をしているのかを残された者に伝えること――それがわれわれの関心のすべてだったのです。そしていよいよこの映画のスタートとして、マーク・コネリーにスクリプトが依頼されますが、結局は誰かと一緒にやらせた方がよいということになります。社会学者や政府の連中が口出ししたのかもしれませんね、もしかしたら。

――マーク・コネリーといえば、都市黒人像をロマンティックに表象することで、白人たちの関心を黒人へと向けさせたブロードウェイ作家ですね。
モス　彼は本当に素晴らしい人物です。リベラルたちは彼に尋ねました。一緒に組むなら誰が適当かと。ジョン・ハウスマンとオーソン・ウェルズの名が挙がります。私は二人とは仕事で一緒になったことがありました。それでハウスマンが、「この仕事を引き受けてくれる人間はいないか」と訊かれたさいに、私を推薦してくれたのです。私がかつて軍事情報局の関連業務（ラジオの軍用放送）をやっていたからでしょう。ハウスマンも以前はそこのプロデューサーでした。
――ラジオでの仕事を通じて、そうした映画人たちと知り合われたのですか？
モス　いや、出遭ったのはフェデラル・シアターを通してです。彼らはプロジェクトをあたためていて、私はその手伝いをしていました。もう古いつき合いだったのです。だからこそ、推薦してくれたのでしょう。そうして映画製作の準備のために、コネリー氏と国中を視察しに出かけることになりました。寸暇を惜しんで、ありとあらゆるキャンプを廻ったものです。私はあくまで助手のはずでした。お分かりでしょうが、彼が戻ってきて腰を落ち着け、そしてスクリプトを書いてくれれば、それでもう充分、まさに言うことなしだったのです。コネリー氏は正真正銘の脚本家ですからね。よって私は単なる付属品にすぎなかったし、それが結構気に入ってもいました。しかし、できあがってみると、彼のスクリプトは映画『緑の牧場』［ウィリアム・キーリー監督36年］そのままというか、その元になった彼自身の戯曲の焼直しだったのです。いや、イデオロギーの点では完全なコピーともいえた。

――北部の白人中産階級の窓からそそがれた黒人たちへの情愛に満ちた眼差しというものですね。

モス　そう。おまけに政府内の社会学の専門家はこのイデオロギー上の問題を、あろうことか黒人の待遇の劣悪化と判断してしまうしまつでしたから、当然結論としては、「どうにもこうにもしようがない」でした。すると、ある人が言い出したのです。「この男に任せてみましょう」。私にですよ。「彼に任せるんですよ、彼にスクリプトを書いてもらいましょう」と言うのです。

――それで最終的に、モスさんが全責任を負うはめになった。

黒人よ銃を取れ

モス　そうなのです。今までのことはなかったことにして、私に引き継がそうというのですからね。そう、ここでこんなエピソードがあります。私が書いた脚本は「黒人よ銃を取れ」という題だったのですが、これは南北戦争でフレデリック・ダグラスが黒人兵に向けて参戦を呼びかけた演説から取りました。というのも南北戦争において、軍は黒人兵を使いこそすれ、手当てを支払うつもりなどさらさらなかったのです。そこでダグラスは、その戦争の政治的性質を踏まえたうえでこう呼びかけます、「金のことなんか心配するのはよそうじゃないか。さあ立ち上がるんだ。もう何も言わずにおこう、金のことなんか」。これが私のタイトルのインスピレーションとなりました。

ところが、このタイトルを見て、軍はひどく私のことを恐がりだしました。お分かりのように、彼らは即座に「大東亜共栄圏構想」のことが頭に浮かんだのです。「有色人《メン・オブ・カラー》」という言い方を日本人にもしていたので、このタイトルではマイナス効果になるのではないか、というわけです。「黒人《メン・オブ・カラー》よ銃を取れ」では、向こうで戦っている有色人種に対して、火に油をそそぐようなものだと軍は判断したのです。そこでタイトルを変更せざるをえなくなった。このような経緯で、タイトルは『黒人兵《ニグロ・ソルジャー》』に変わったのです。

とはいえ私の書いたものはとても映画のスクリプトと呼べる代物ではありませんでした。当時の黒人文学界には「映画など糞食らえ」という風潮があり、映画は何の役にも立たない侮蔑の対象でしかなかったのです。ラングストン・ヒューズ、ジェイムズ・ウェルドン・ジョンスン、クロード・マッケイ、こういった人たちはみな映画にきっぱりと背を向けていました。試みることすらしなかった。だから誰も映画への心構えなどできていなかったのです。私自身、自分が何をしているのか分からなかった。私はただ、かつて覚えた方法でスクリプトを書いただけなのです、つまりラジオのね。まあ、ある形式を保てたことは幸いではありましたが。

そこまできて、きわめて妥当な判断として、私の書いたものをスクリプトとして使えるようにする者が必要とされた。いまのような形に収まったのは、その後です。けれども、私の用いた語句やそのイデオロギーはすでに完全に許可されていましたから、その点に関しては現場ではもう誰も何も言いませんでした。

――モスさんはもともとラジオの脚本家としてお仕事をなさっていたわけですが、この『黒人兵』では黒人教会の説教師役（語り手）というきわめて重要な役で出演されていますね。

モス　そうですね、できないがゆえにできたというか、どうしてそんなことになったのかお話ししましょう。やりたくもあったし、やりたくもなかった。友人だった監督「スチュアート・ハイスラー」に話したのです、「私じゃ若すぎやしないかい、

黒人教会壇上のカールトン・モス

①②③

その役に?」すると監督は、「じゃ、きみは何のためにここにいるんだ?」と言うのです。

――当時あなたはまだ二十歳台……。

モス　もちろん役よりも若かったですよ。若者たちに銃を取るべきだと説教する役というよりも、むしろ銃を取る立場、軍隊にいるべき年齢でした。私が自分で黒人説教師の役を演じた理由というのは、たいていの役者たちが主流の、つまり紋切型の演技指導を受け、そのように（たとえば「愚かな黒人」役を）演ずることを強いられていたからです。そしてそれはいまだにそうです。いかにも役者風にみごとな演技はできても、市井の人間のようには動けない。監督はそういったことに甘い人でしたから、「どうだいモス、使えそうじゃないか？」と言うので、「だめです、芝居しか知らない者に用はありません」と。それで結局、若造モスの出番となったのです。

説教師カールトン・モスと会衆

④

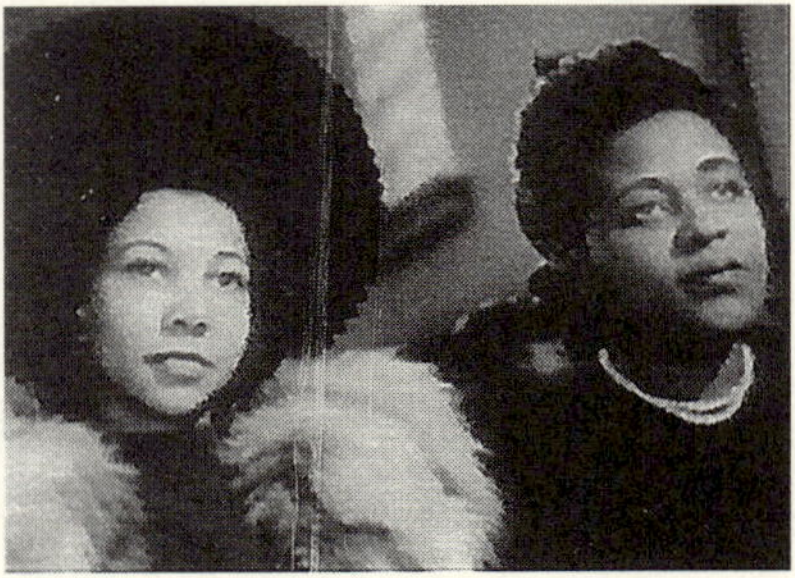

⑤

説教師と会衆のカットバック

⑥

⑦

ところが教会やその他全体のオーラのせいか、その配役に私が若すぎると不満をこぼす者は一人もいませんでした。

――実際よりも老けて見えるようなメイクアップはされましたか?

モス　しました。でも、教会やそのなかの品々にはそれ固有のリアリティがありますから、そこは何もいじりませんでした。映画のなかのあの教会、非常にリアルでしょう。それからあの教会の会衆。近辺の教会すべてをあたって、常日頃から信心深いひとたちを選びましたからね。私のことを本物の説教師だと思ったらしくて、三、四日かかった撮影中に、私の処にやってきてこう言うのです、「日曜日はいつもここで御勤めをしていらっしゃるんですか?」それほどリアルだったのでしょう。

――あの教会の会衆は全員素人なのですね?

モス　そうです。

――立ち上がって会衆全員の前で、キャンプの息子から届いたという手紙を朗々と読み上げるあの立派な黒人婦人もですか?

モス　そうですよ、彼女もある教会で見つけました。この映画に登場するプロの俳優は一人だけです。パナマ運河計画を説明する役でね、「われわれがパナマ運河を切り開いたのだ」と彼が喋って、そこでパナマ運河の軍事利用史が物語られるシーンです。彼だけです。あとのキャンプの兵士たちはみんな私たちが選んだ本物の兵士です。役者は誰もいません。そのほうがいちいち何をしたらよいのか教えこむよりも楽ですしね。役者も試してはみたのですが、やはりだめでした。職業俳優はたしかに本物らしくは見えても、やっぱりだめなんです。先ほども言いましたが、いまだにこの問題は残っています。

――プロの黒人俳優は、長年、表象のうえで白人に搾取されてきたために、白人のためには演技ができても、自分たち自身ためには、なかなか思うような演技が引き出せないという逆説がつきまとっています。

ワシントンから来た男

モス　そういうことです。さてロサンジェルスにもどったあと、脚本家のベン・ヘクトとジョー・スワーリングのふたりと合流しました［ふたりとも黒人表象に神経を使った南部メロドラマ『風と共に去りぬ』39年に参加した］。ベン・ヘクトはタフで、独創性に溢れ、とても寛容な人物でした。ふたりは私の傍にすわって「こうすればいい」と言ってくれました。そうやって撮影台本の大枠が完成しました。それから監督のスチュアート・ハイスラーの処にいって、そこでもう一度すべてをやり直すために、戦場に出向いたり、必要なものを揃えたりしました。私にはいい勉強になりました。映画学校にいったようなものです。ハイスラーはかなり以前から、つまり編集の際いちいちフィルムを編集機のなかから取りだして調べなければならなかったような時代から映画界にいた人なので、技術に関しては完璧に習熟していました。実際ハイスラー自身、非常に優秀な編集マンでした。彼はみずからの人生観、哲学においてヒューマニストでした。ですから私たちのあいだにはまったく何の問題もありませんでした。楽しく仕事をしましたよ。彼は初期のマック・セネットやチャップリンなどの頃から映画に携わっていた、たたき上げの映画人です。実にいろんなことを彼から教わりましたし、彼自身も教えることを楽しんでいました。あらゆる部門、あらゆる技術者の処に連れていっては、そこでの仕事は何なのか、何が良い仕事で何が悪い仕事なのか説明してくれるのです。かと思うと今度は、他人の撮ったラッシュ試写に連れていかれ、どこが素晴らしくてどこが弱いのか、教えてくれるといった具合です。

――スチュアート・ハイスラーは『黒人兵』のあと、『ガラスの鍵』(42年)、『崩壊』(47年)、『東京ジョー』(49年)といったフィルム・ノワールを撮りますが、古典的な演出の冴えを見せる私の好きな監督のひとりです。ところでモスさんがウィリアム・ワイラー監督と一緒だった期間はかなり短かったのですか?

モス　ワイラーとは取材旅行にいっただけです。彼からは理論面で教えられるところが多かったですね。

――ワイラーはその後、別の仕事に移されて、お二人が実際に映画をつくる機会はなかったわけですね。

モス　ええ。ともかく当時は手当たり次第何でも利用しようとしましたし、またそれ以外方法がなかったのです、私には。いまの映画界では、そんなことは無理ですがね。私たちはとにかく一緒に何でもやりました。実際、取材旅行には撮影班も同行したのです。

――監修のフランク・キャプラと現場スタッフとの関係はいかがでしたか？

モス　キャプラという人は、実際に映画を撮っている監督を誰一人として煩わせたことはありません。『黒人兵』の監督を任されたハイスラーのときもそうです。いったんスタッフを決めたあとは、キャプラはスタッフにすべて任せきりでした。全面的に信頼していたのです。だからキャプラと話し合ったことも一度もありませんでした。

――フランク・キャプラは自伝のなかでモスさんのお仕事に触れていますが、『黒人兵』の監修者としては、現場のモスさんたちに何の指示も出さなかったのですね。

モス　まったく関係がなかったのです。私はワシントンから来たわけですが、むしろその事実が現場のスタッフを怖がらせました。私が軍のスパイではないという証拠はありませんからね。私が現場に、つまりキャプラ組に入ったのは陸軍長官直属のオフィスを通してでしたから、いわば長官顧問の一人とみなされていたわけです。私の仕事が何なのか、事情がどうであれワシントンから来た奴は怪しいというのです。そのせいでみなとても親切でしたよ。あとスクリプトに関しては一言一句、当時の陸軍長官の認可を得ていました。まあ、政府によって作られたも同然の映画ですからね。

――スクリプトは一〇〇パーセント検閲下にあったわけですね。

モス　そう、ワシントンにおいて。実際、毎日のように官吏たちと討議を重ねたものです。スクリプトがそういった経路を経てきたことが、現場におけるイデオロギー的改変を許さなくしていたのです。もうひとつスクリプトの構成で重要だったことは、スクリプト中に軍部にとって議論の余地ある問題を残さないようにすることがありました。つまり人種差別についてね。私たちの立場としては、避けうるのなら人種差別について云々されることは避けたかった。どのような社会的環境、どのような南部の軍事教練施設に対しても、非難の意図はないのだというのが、あくまでも公式上の立場でした。

――黒人のモスさんにとってみれば、相当苦しい立場ですね。

モス　いかにも。私はどうすればいいのか？　私たちの映画の目的はただミセス・ジヨーンズに……。

――黒人兵の母親たちに……。

モス　いつ息子は旅立ち、どこへ向かい、何をするのかを伝えると同時に、そうした待つ側をも映画に収める。これだけです。その問題［人種差別］については、語ることも触れることもしていません。この映画は生活上の必要から生じてきたものです。生活が軍そのものに変化を強いたのです。

――議会図書館等にのこされた資料を見ますと、スクリプトの修正にかなりの時間を要しておられますね。合衆国陸軍当局との数度の話し合いの後でさえ、上映の許可がおりていません。

モス　そう、最後までね。

――これは、かなりの圧力がかかっていたと見てよろしいのでしょうか？

モス　そうともいえるし、そうでないともいえます。見落とされがちな点は、黒人を扱うことに関しては白人よりも黒人自身の方が本来上手であるという事実です。そしてそのときやらなければならないことは、両親に子供［新兵］の行方を伝えることと、ただそれだけです。これは戦う国民の士気の問題ですからね。このようにして私たちは仕事に取りかかったのです。

銃口は誰に向けられたか

――同時に、『黒人兵』は黒人兵自身にも見せうる映画という役目も担うようになりますね。

モス　そうです。

――新兵養成のためのオリエンテーション・フィルムとして。

モス　はい。

――黒人兵は実際にこの映画を見て発奮したのでしょうか？

モス　効果はありましたよ。ただ逆説的にね。南カリフォルニアのあるキャンプ、何て場所だったか、とにかくサンディエゴの郊外で映画を上映したときです。覚えてますか、映画のなかでナレーターが（つまり私が）「そして日本は有色人種の救世主になった」と、いやみたっぷりに言う台詞があるのです。

――ええ、覚えています。

モス　それから観客は戦争の悲惨さを見せられるわけですが、そのときの観客たち、七〇〇人ほどの黒人兵はみな「まったくその通りだ」と言いだしたんですよ。本来なら日本は敵だと思ってもらわねばならないのです。ところが彼らは先の台詞を「黒人の救世主」と勘違いした。さらに驚くべきは、私が直接話しに行ってみると、彼らは何と言ったと思います？　「同じ戦うのなら、日本と戦いたい」と言うのですよ。日本人は米軍を捕虜にしても、自分たち黒人なら助けてくれる――食糧をあたえ、傷つけたりはしないというのです。なぜなら「同胞」だからだとね。

こういった噂は根強く、陸軍省内部でさえ黒人同士で話されているのをよく耳にしました。その辺の道端ではなく、陸軍省でですよ。この噂は広まっていくうちに、「黒人は捕まっても心配ない、狙われているのは白人だけだ」というものになっていったのです。

――それはまた新兵に見せるオリエンテーション・フィルムとしては実に逆説的なことですね。

モス　そうなのです。しかしこれで黒人たちがどちら側についているかが分かります。実際、当時黒人兵を訓練する白人兵たちは日本人について話すとき、黒人について話すような口ぶりでした。

タスキーギー［アラバマ州東部］の飛行場へ撮影に行ったときのことです。そこの飛行場では黒人パイロットの養成をおこなっていました。『黒人兵』のための撮影をしていると、十七、八歳の黒人青年の運転したトラックが猛スピードで曲がりきれず横転したのです。白人指導教官がそばに立っていました。撮影している私たちのことなど、もともと眼中に入っていないせいか、私たちのことなど全くおかまいなしに、その青年に向かってこう言ったのです、「わかったか、お前ら黒ん坊はトラックすら運転できないんだ。だのに飛行機乗りにしてくれとほざきやがる！」こんなものです。パイロットの訓練を受けている者は、もちろんこういった白人の態度はいやというほど分かっているはずですよね。だとしたら、どういった感情を白人兵に対して抱くことになるか。

残念ながら、こうした関係はいまだに続いているのです。逆に、このような黒人を指導する立場にある白人将校にも、この映画を見てもらいました。兵舎から出たときや事務の合間をみつけてね。中尉クラスの人たちはよく書いています。「黒人兵をいじめるのは止めるように口をすっぱくして言っている。いざ戦闘となったら、連中はわれわれに向かって発砲してくるかもしれないからだ」。実際そうした事件は起こっています。ヴェトナムで、第一次大戦で。黒人兵たちは激しい戦闘のなか、白人に対して敵意を剝きだしにします……。

——映画『黒人兵』の製作決定時、米国陸軍当局が恐れていたのは、そのような白人兵と黒人兵との衝突だったわけですね。

モス　そうです。ところで『黒人兵』が完成すると、社会学者がそれをテストしたいと言いだしました。まったく馬鹿げていましたが、どこだかでやりましたよ。白人兵に見せて試してみたのです。大方の反応は、「ニグロを喜ばせるために作った映画だな」でした。言い換えれば、白人兵にとっては何も得るものがないということです。「黒ん坊を嬉しがらせるプロパガンダにすぎない」というわけです。『黒人兵』の上映をめぐってさらに厄介な事がおこります。どこで、どのようにしてこれを上映するのか？　政府は劇場と取引していて、映画館では一日の興行時間のうち、かなりの部分が戦争協力にあてられていました。政府後援映画の上映ですね。だとしたら、われわれの映画はどのように上映されるのか、それが問題です。そこで真っ先にわれわれがしたことはロサンジェルスでの特別先行試写でした。高級将校のお歴々を招待して、映画を見せ、推薦を取りつけることに成功しました。その結果、われわれがワシントンに着く頃には、陸軍の宣伝担当にこの映画を真剣に扱ってもらうだけの後押しを得ていたのです。軍は最終的にＯＫを出し、この映画を請け負う映画館主に会うように私に言いました。しかし映画館主の答えは、「だめです、どうあっても上映できません」の一点ばりです。しかし幸運なことに、私はこの映画館主の共同経営者を知っていたので、その男に直接掛け合ってみると、彼は「ああ、分かった、今夜からでもかけよう」と言ってくれました。

いったん上映が決まれば、あとは大衆の興味をいかに惹くかです。誰もこんな対象外の映画など望んではいませんでしたからね。キャンペーンを打つことになったのです。すると面白いですね、惨憺たる状況から徐々にこの映画に注意が向けられるようになったのですから。ここでお聞かせしたいのは観客の反応についてです。彼らは言いました、「ジム・クロウのことをなぜ避けるのか」と。

――黒人差別の現実を回避しているというのですね。

モス　何度も言いましたが、この映画では、その問題には触れられていません。私の仕事はあくまでも未知の事実を観客に伝えることにあったはずでしょう？　それともこの官製映画のなかで黒人差別はまちがいだと主張することができたとでもいうのでしょうか？

とにかくこの映画への不満、失望を表す意見は大変な数にのぼったのですが、なかでも特に強烈だったのは、ある上映のときに一人の女性が私に言った言葉です、「なぜ隔離されるのですか？」と。映画のなかに訓練所のシーンがあったでしょう。未来の兵士たちは平服を着て集まってきます。そこではまだ黒人も白人も一緒です。

そして軍服をあてがわれるのですが、いざ着替えをする段になると、黒人だけの集団と化している。この場面を見て、どうしてそんなことをするのか分からないと言うのです。しかしそれが軍事的必然性だったのです。

――『黒人兵』を拝見していて、たしかにそのシーンは微妙な場面だと思いました。しかし映画全体の流れからして、それはきわめて順当な描写だったと思います。もっともプロパガンダ映画は、それを作っているときは一義的な明快さを心がけていても、いざそれが上映されるときには、いつも多様な意味に裏切られつづけるものでしょうが。

一九九二年二月雷雨の日
ロサンジェルス

第4章　ジャンルとジェンダー

本書ではこれまで、もっぱら戦前戦中に活躍した代表的なハリウッド映画作家の映画産業内での位置標定をおこなってきた。最終章たる本章では、時代を移して戦中から戦後にわたるハリウッド産業体制の特色をジャンルとジェンダーの観点から考察する。

アメリカ社会が戦時体制から戦後体制へと大きな様変わりを経験するとき、ハリウッド映画産業界が傍目にも滑稽なほど迅速にして狡猾な対応ぶりをみせたという事実を、ヒロインと女性観客の搾取という観点から分析する。前章の主役が戦時中マイナーな存在にとどめられていた黒人であったとすれば、本章の主役もまた同じく社会の主流派形成を禁じられていた女性である。

しかし、それにしてもなぜジャンルとジェンダーなのか。その答えは本章においておいおい明らかになるが、ここで強調しておきたいことは、ジャンルもジェンダーもハリウッド映画産業界にとって明快な経済原則から導きだされた商標にすぎないということである。ひとはそれがいったい何をだれに売るものであるのかを一目で知るためにだけジャンルとジェンダーを利用する。映画のジャンルも人間の文化的な性役割もすべては商品をよりよく売るための方便なのである。

さて本章のヒロインの名はジョーン・クロフォードという。長年、圧倒的な人気を誇り、アカデミー賞主演女優賞にも輝いた女優である。ハリウッドのある大手映画製作会社がこの大女優を主演に一本のヒット作を放とうともくろんだとき、時代はたまたま終戦という大きな地殻変動を経験しようとしていた。そのとき製作会社首脳部は資本主義の原理からいったいどのような決断をせまられただろうか。そのとき一本のフィルムはその生成過程において、いったいどのような諸力を受けただろうか。本章は、ひとつの作品が時代の激しい推移のなかで、どのような生成上の変化をこうむるかを、社会的諸要因とフィルムの肌理の双方から詳細に分析したものである。

ジャンルの混淆

ハリウッドは夢の工場といわれるが、それは複雑にからみあった解決困難な社会問題や諸矛盾に文字通り夢のような解決をあたえてくれるからである。

つまり個人の手に負えないような現実の社会的矛盾が、物語映画のなかでは主人公一人のかかえるごく個人的な問題に還元され、そのうえで奇蹟的なハッピー・エンディングがもたらされる。社会の一般的問題は銀幕のうえで個人の個別的問題へと翻訳され、みごとに決着がはかられる。そしてちょうど凸レンズを通った光が一点に収束するように、生活も信条も違うはずの何十万、何百万という観客が銀幕を介して、たった一人の主人公の生活と意見に感情移入する。一人の主人公を通して、大衆がいま現にかかえているはずの難局に夢のような解決があたえられるのだ。

だとすれば、この欲望の収束点、大衆の生活と信条の焦点としてのハリウッド映画の主人公はいったいどのように造形されるのだろうか。映画製作のプロセスは映画の主人公にどのようなイデオロギー的負荷を、どのようにあたえるのだろうか。彼あるいは彼女はいかにして何十万、何百万人分もの生活と意見をおのれのうちに収束させうるのだろうか。もし銀幕上の主人公が現実の社会的矛盾を一身に背負っているのだとすれば、彼あるいは彼女が映画的テクストの、その光り輝く表層の背後に隠しおおえたはずのその諸矛盾が、一瞬露呈するような瞬間はやってきはしないのだろうか。そしてもしそれがやってくるとすれば、それはどのようにしてなのか。

こうした問いに、おそらくもっとも効果的な解をあたえてくれるフィルムのひとつが、本章で論じられる古典的ハリウッド映画『深夜の銃声』である。そしてそれゆえまたこのフィルムは、ジャンルの構造と歴史をめぐる本書の最終章をしめるにふさわしい議論を提供してくれるにちがいない。わたしたちはこれからこの一本のフィルムの生成過程を集中的に論じることによって、時代と映画の驚くべき相貌を描きだすことになるだろう。

近年もっぱらフェミニズム陣営から論じられることの多いこの『深夜の銃声』[*1]は、ハリウッド黄金期の大手スタジオ、ワーナー・ブラザーズ社によって製作され、一九四五年十月に全米で公開された。映画の公開時期が大量のGIの帰国時期と重なるのはけっして偶然ではない。すでに戦時中に完成していたこの映画を終戦後に公開するよう決定したのは、スタジオ首脳部の経営戦略上の勇断によるものだからである。映画の演出にあたったのは、前年にハンフリー・ボガート、イングリッド・バーグマン主演の亡命メロドラマ『カサブランカ』(42年)でアカデミー賞監督賞を受賞したばかりのマイケル・カーティスである。

『深夜の銃声』はジョーン・クロフォード復帰第一作として、このヴェテラン女優にはじめてアカデミー賞主演女優賞をもたらすことになるが、女優や監督の知名度の高さにもかかわらず、この映画の製作過程はかならずしも順調なものではなかった。一九四三年夏の企画スタートから一九四五年秋の公開まであしかけ三年もの歳月を要したのも、この映画がもともと女性映画として企画されながら、ライヴァル会社パラマウントのフィルム・ノワール『深夜の告白』(ビリー・ワイルダー監督44年)のヒットがワーナー・ブラザーズ首脳部に根本的な企画修正をうながしたからであった。

フィルム・ノワールが時代の趨勢と大衆の嗜好にあうのなら、わが社の新作もまたフィルム・ノワールとして撮られなければならない、そのようにワーナーの敏腕プロデューサー、ジェリー・ウォルドは判断した。そもそも『深夜の銃声』の原作者は

『深夜の告白』と同じジェイムズ・ケインである。それならば女性映画からフィルム・ノワールへの軌道修正には大した困難は予想されまい。そして実際『深夜の銃声』の脚本の女性映画的な部分はその分野を得意とした女性脚本家キャサリン・ターニーの手に、そしてフィルム・ノワール的な部分は同じくその道の雄アルバート・モルツに委ねられた（この男はのちに赤狩り最大の犠牲者集団「ハリウッド・テン」のひとりに数えられることになる）。ところが予想に反して改稿は難航し、一本の脚本の完成までに複数の手をわたることが珍しくなかったこの時代でも例外的といえる八人ものライターを動員しても（原作者ジェイムズ・ケイン本人や小説家ウィリアム・フォークナーをふくめて）まだ改稿はおわらず、結局『深夜の銃声』の改訂作業は撮影がはじまってもなおつづけられることになる。[*2]

　ここまでは既成の映画史も教えてくれることである。そしてわたしたちの考察はここからはじまる。

『深夜の銃声』は女性観客のためのジャンル（女性映画）と女嫌いのジャンル（フィルム・ノワール）という本来相容れぬふたつのジャンルのハイブリッドである。このきわめて珍しい混淆例をジャンルの生成と変容という観点から再計測してみると、この映画はどのような新しい様相を呈するだろうか。ジャンルとジェンダーの歴史を、それがそこにふくまれる社会の歴史とともに検討することは、作品論（一本のフィルムのテクスト分析）にどのような新しい知見を提供してくれるだろうか。そしてその作品論はジャンル論といったいどのような遭遇を果たすだろうか。これからおこなうことは、いまだだれも踏み込んだことのないそうした未知の領域への探査行となるだろう。

年少犯罪もの

女性を主人公にして、女性の諸問題（たとえば結婚、家庭生活、出産養育）を主題にし、女性観客を対象につくられるメロドラマ映画はふつう女性映画と呼ばれている。一方、フィルム・ノワールはもっぱら男性のための映画ジャンルだと考えられている。

有名な『マルタの鷹』（ジョン・ヒューストン監督41年）などは、のちにフィルム・ノワールと呼ばれるようになる新ジャンルの第一作と目される苛烈なハードボイルド映画である。このフィルムは、その性的魅力でハンフリー・ボガートを籠絡しようとする蜘蛛女に、絶対的な負の符号をつきつける象徴的なシーンでおわる。女の顔のうえにおちた黒い十字架のような影（図①）が、彼女とハンフリー・ボガートとの関係の修復不可能性をはっきりと示している。つまりフィルム・ノワールはもはや男女の熱い抱擁で幕をおろすことはないのだ。ハリウッド映画はこのジャンルの誕生をもって、かつての異性愛讃美から同性愛讃美の傾向へとゆっくり方向転換し、蜘蛛女の裏切りによって辛酸を舐めた男たちは二度と女に心を許すことがない。かつて愛しあったはずの男女に和解の喜びはついに訪れぬまま映画はおわる。それがどのようなイデオロギー的負荷を負っているかはこれから論じることであるが、フィルム・ノワールは魂に傷を負った男たちのための女嫌いのジャンルなのだということをともかく確認しておきたい。

それゆえ女性映画からフィルム・ノワールへの軌道修正がはかられた『深夜の銃声』は、女のためのジャンルと女嫌いのジャンルという相対立するふたつのジャンルが融合した特異な例としてハリウッド映画史に記憶されねばならない。しかし、こうした特異なジャンルの混淆が生じた原因は、たんに既成の映画史が指摘するような首脳部の思いつきによる製作方針の転換だけにあったのではないだろうというのが、わたしたちの仮説である。ジャンルのこの稀有な融合は、映画史をかたちづくる複数の主流／支流ジャンルの妥当な合流の結果であり、時代の精神史を形成する複数の対立するイデオロギーの妥当なせめぎあいの結果であるというのが、わたしたちの仮説である。

　というのも、わたしたちのリサーチによれば、女性映画とフィルム・ノワールという異質な二大ジャンルの遭遇を可能にしたこの映画の結締は、両者いずれにも属さぬ第三のサブジャンルにあるからであり、そしてそのサブジャンルの隆盛にこそ時代の空気を鋭敏に呼吸するハリウッド映画の退嬰的進取性とでもいうべき特性が見てとれるからである。

①

②

③

その第三のサブジャンルとは、「年少犯罪もの」と呼ばれた一連の「きわもの映画《エクスプロイテーション》」である。年少犯罪ものとはいかなるものか、一例をあげよう。たとえば『少年裁判所』（D・ロス・レダーマン監督38年）は、当時二十歳を迎えたばかりの初々しいリタ・ヘイワースが出演する、まだ弱小スタジオだったころのコロムビア社製作のフィルムだが、このB級作品の冒頭部に、街中でギャング（映画）ごっこに興じる少年たちが、大物ギャング、ダッチ・シュルツの惨めな逮捕現場を目撃するシーンがある（図②③、前頁）。

最終的に街の不良少年たちは立派に更正するのだが、この時期にこうした不良少年を主人公にしたフィルムが撮られた背景には、ギャング映画が青少年にあたえる悪影響その他を考慮したハリウッドの包括的自主規制案、映画製作倫理規定《プロダクション・コード》のなしくずしの成立（一九三〇―三四年）とその厳格な運用によるギャング映画の衰退がある。いかなる犯罪者も、これを英雄的に描いてはならず、また観客にそれを模倣したいと思わせてはならない、そして悪はこれを魅力的に描いてはならないとする映画製作倫理規定の細則が、三〇年代前半に隆盛をきわめたギャング映画というジャンルの弱体化をまねくことになったのだ（本書巻末の補遺を参照されたい）。このB級映画『少年裁判所』が直接影響を受けたであろうハンフリー・ボガート主演のA級作品『デッド・

エンド』（ウィリアム・ワイラー監督37年）もまた、映画製作倫理規定のもと、アメリカン・ドリームを夢見るギャングの悲劇的生涯から、ギャング予備軍としての不良少年の更正の物語へと表象の力点が移った亜ギャング映画であった。

一九三八年ころから台頭するこうした「不良少年もの」がさらにその変種「不良少女もの」へと移行するのにはほとんど時間を要さなかった。時代はすでに欧州に戦雲たなびくころである。街中を闊歩していた不良少年たちもまたやがて総動員体制のもと、異国の戦場へと駆りだされる運命にある。ユダヤ移民産業としてのハリウッド映画界が、迫害される同胞に救いの手をさしのべようと、強硬な反ナチ・プロパガンダ政策をうちだし、合衆国の参戦を情緒の水準でうながしはじめるのは翌一九三九年のことである。『少年裁判所』を製作したコロムビアは二年後に同様のB級映画『未成年の娘たち』（マックス・ノセック監督40年）を発表するが、その冒頭部には、（徴兵によって姿を消す）不良少年たちのかわりに街中を闊歩する不良少女たちの姿がはっきりと描かれている（図④、一七七頁）。

すでに別のところで素描したように、[*3]アメリカが第二次世界大戦参戦を決定したとき、ハリウッドは女性観客の「搾取《エクスプロイテーション》」をはじめて真剣に検討することをせまられる。戦前のハリウッドはその莫大な利益の大半を海外市場と男性観客に依存していたが、アジア市場についでヨーロッパ市場を失い、男性観客が男性兵士となって国内市場から姿を消す戦時体制下において、ハリウッドにのこされた主な市場は国内の女性観客層だけとなる。おりしも総動員体制によって「リベット工ロージー」と化し、家庭を離れることを余儀なくされ、子供たちを顧みることがむずかしくなった母親たちにとって、夫の留守を家庭においても社会においても守ることなど一筋縄でゆくはずもなく、ほどなく「年少犯罪」の問題が彼女たちのアメリカ国内最大の関心事となる。そして父親からも母親からも顧みられなくなった年少者（もっぱら少女たち）が犯罪に走るというセンセーショナルな「社会問題」を、時代の趨勢に敏感なハリウッドが利用しないはずはなく、ここに年少犯罪ものと呼ばれる映画の新しいサブジャンルが誕生した（ジャンルはジェンダーを利用する）。

大恐慌の余波を受けて一九三〇年代初頭に成立したギャング映画は、三〇年代後半の衰退期にはいると「不良少年もの」へと変貌し、さらに軍需景気によって不況を脱する四〇年代初頭には、「不良少年もの」から、かつてのギャング映画とはまったく異質な「不良少女もの」へと変貌を重ねる。いいかえれば、圧力団体の声を牽制するために成立した映画製作倫理規定（とその厳格な運用）によってギャング映画が衰退すると、それに対応すべくハリウッド映画産業は新商品の開発にのりだす。それがギャング映画のサブジャンルとしての「年少犯罪もの」である。そして市場に送りだされたこの新商品は、国内の戦時体制化にあわせてさらに「不良少女もの」へとヴァージョンアップされるのである。

この時期、ハリウッドには『義務不履行の両親』（ニック・グリンデ監督38年）、『鎖につながれた娘たち』（エドガー・G・ウルマー監督43年）、『非行に走る娘たち』（アル

④

バート・ハーマン監督44年)、『若者は荒れる』(マーク・ロブスン監督44年)といった扇情的な題名の年少犯罪もの(とりわけ「不良少女もの」)が氾濫する。既成の映画史から完全に無視されたこうしたサブジャンルの生成と流行の背景にハリウッドの戦時体制化があり、そしてそうした社会的危機とのすばやい対応が、すでにふれたように、わたしたちの議論の出発点であり仮説の検証地点である『深夜の銃声』がもっとも深くかかわるハリウッド的要素なのである。既成の映画史が検証することを忘れたこうしたジャンルとジェンダーの生成と変容の歴史が本章の主題なのである。

ハリウッドの戦後体制

さて年少犯罪ものは、戦時中、こどもを顧みることのできない母親たちの罪悪感を利用して爆発的な勢いで新観客層に浸透した。そして「不良少女もの」が成年男子大量不在の時期に大量生産されたという事実は、映画産業の新しい搾取対象が少女とその母親に移行したことを意味する。

『深夜の銃声』の企画がスタートしたのは、まさにそういう時期だった。このフィルムは、夫と別居した母親(ジョーン・クロフォード)が娘のために懸命に働いたすえに、その子ができそこないで恩知らずの怪物（つまるところ殺人者）に育ってしまったことを思い知らされるという苦々しい結末をもつ。意志強固な女性が独力で社会的・物質的成功をおさめるこの映画の前半部は、当時の銃後の女性観客の自負心をおおいにくすぐったであろうが、後半部でそのつけがまわってくる（両親にかまわれなかった娘が不良少女どころか殺人者になる）という意味ですこぶる教訓的なこの映画は、ハリウッドがはやくも戦後体制を迎える準備を整えていたということを示唆する。

ハリウッドが二度目に組織的に女性観客に的をしぼるのは、先述の戦時体制から転換をはからねばならない戦後である。戦争がおわり、夫たちが帰還しおえたころ、働く喜びをみいだした妻たちをふたたび家庭のなかへ、夫のもとへ呼び戻すために、新しいかたちの女性映画が量産されはじめる。成年男子不在の時期に妻たちを家庭の外へと動員していったのが戦時体制下のハリウッドならば、成年男子が街にあふれだした時期にもう一度彼女たちを家庭の内へと呼び戻すのもまたハリウッドの仕事なのである。一九四〇年代後半から五〇年代にかけて、三〇年代の女性映画のリメイクが流行し、女性たちの母性愛が強調され、こどもへの愛ゆえに社会的キャリアを断念し家に戻る女たちの物語が量産される。戦時中、男性労働人口の不足を補うために女性を「社会進出」させたのと同じ論理が、戦後、過剰労働人口に対処するために女性を切り捨てさせる（戦後一か月以内に六〇万人もの女性労働者がレイオフされ、一時解雇者数は一九四六年十一月までに二百万人をこえ、彼女たちの実に九五パーセントが不承不承職場を放棄した）。そうした社会的・経済的安全弁としての女性を神話と想像力、倫理と情動の水準で操作し、そしてそのことによって利潤をあげようとするのがハリウッドの映画産業なのである。

『深夜の銃声』が一九四三年当初、時代の要請に見合った「職業婦人もの」として企画されながら、一九四五年の公開までの製作過程で、そこにフィルム・ノワール的な要素が侵入し、それによって自立した職業婦人を敬遠する戦後社会の要請に応えることになったのは、およそ以上のような文脈においてである。それではこの映画の女性映画的な部分を大きく変容せしめたフィルム・ノワール的要素とは、いったいどのようなものだったのだろうか。

女のフラッシュバック

女嫌いのジャンルたるフィルム・ノワールは、物語結構上しばしば蜘蛛女と呼ばれる悪女を必要とする。際限のない欲望のままに生き、男の運命を手玉にとる女、それが蜘蛛女である。『深夜の銃声』のプロデューサー、ジェリー・ウォルドがライヴァル会社の『深夜の告白』のヒットを羨み、そこからなんらかの商業上の教訓を得たとすれば、それは悪女による男殺しこそ観客の歓心を買ったものだということである。

実際『深夜の銃声』には原作段階では娘による義父殺しは存在しなかった。それは脚本最初期の段階で、ジェリー・ウォルドの肝煎りで取り込まれたシーンなのである。ちょうど『深夜の告白』の悪女（バーバラ・スタンウィック）が保険外交員を誘惑して夫殺しを実行にうつすように、『深夜の銃声』の娘も母親の新しい夫を誘惑したあげく殺害する。この少女は消費主義的スノビズムの怪物であり、母親がもっているものならなんでも自分のものにしてしまう。ここに「年少犯罪もの」の不良少女が、同じく一九四〇年代前半に一大ブームとなるフィルム・ノワールの蜘蛛女と融合した例を認めることができよう。「こどもの愛情を金で買おうとした」母親が心血をそそいで育てあげたものが殺人者という、母親も父親もどうすることもできない不良少女という名の怪物だったのだ。

しかしこの皮肉な結論——戦後的結論——にいたるまでは、この映画は戦中的配慮を怠ることができない。すなわち映画はすくなくとも前半部では、職業婦人の自立と経済的成功を描かねばならなかった。そしてこの映画が戦後公開されるためには、最後に母親の社会的成功ゆえにこそ、その娘は怪物に成長したのだということが強調されねばならない。女性の経済的成功とこどもの教育の失敗という長いプロセスが、ある臨界点で殺人というカタストロフィになだれこまねばならないのだ。

女性の社会的成功と家庭的失敗が殺人によって因果関係でむすばれる。そうした危機的物語はたしかにフィルム・ノワールにふさわしい素材であるし、フィルム・ノワールというジャンルは、『深夜の告白』をはじめ、『ローラ殺人事件』(オットー・プレミンジャー監督44年)や『飾窓の女』(フリッツ・ラング監督44年)などによって一九四四年までに、たしかにそうした悔恨の物語を語るための独自の話法を確立するにいたっている。それがフラッシュバックである。『深夜の銃声』は、この回想のための技法を『深夜の告白』から借用することになる。

フィルム・ノワールの主人公は取り返しのつかぬ時点から(癒せぬ傷を魂に負った時点から)みずからの過去を振り返り、みずからの罪を告白せねばならない。そしてそれはつまるところ勧善懲悪を旨とする映画製作倫理規定のもと、主人公の贖罪のプロセスとなるだろう。『深夜の告白』の主人公は自分がいかに悪女の誘惑に負けて保険金殺人事件の共謀者となったかを深夜、蠟管《ディクタフォン》に向かってとうとうと告白するだろう。同様にして『深夜の銃声』の主人公(男も羨むような経済的成功をおさめた母親）ジョーン・クロフォードは、夫殺しの第一容疑者として警察の取り調べ室で深夜みずからの過去を告白せねばならない。しかし彼女ははたして本当に罪を犯したのだろうか。彼女の罪は本当に夫殺しの罪なのだろうか。

嘘の編集

そうした基本的な問いを問うのが近年のフェミニスト映画学者である。彼女たちは、フラッシュバックに入る直前の『深夜の銃声』の巻頭部に、いわば嘘の編集、偽の縫合を発見する。*4 嘘の編集とは、この場合、時空間的にも因果論的にも正しくつながらない二種類のショットを、あたかもそれが自然な流れでもあるかのように観客の目を欺いて、しかも観客が誤解することを計算に入れて編集している場面をさす。それによってわたしたちは映画の前半、主人公のミルドレッド（ジョーン・クロフォード）を殺人の第一容疑者だと思い込むが、それはほかならぬ映画の技術的水準によって、そしてジャンルの伝統が醸成する女というものにたいする漠とした不信の念のうえに仕組まれた罠なのである。

画面にそくしてもう少し具体的に説明しよう。

⑤

⑥

⑦

『深夜の銃声』のクレジットがおわり映画本編がはじまると、マリブとおぼしき海岸沿いのビーチハウスで男が銃撃され、彼は倒れざまにミルドレッドという女の名をつぶやいて息絶える。それから死体のかたわらの鏡にパンしたキャメラは、現場から逃げ去る犯人を視野の内にとらえそこなう（図⑤―⑧）。ついで場面が切り替わり、雨にぬれた夜のサンタモニカ桟橋に悲嘆にくれた女が現われる（図⑨⑩）。キャメラは被害者が凶弾に倒れるのをとらえながら、加害者の姿はとらえそこなう。本来なら殺人犯の顔に切り替わってしかるべきシーンに、それをとらえた切り返しショットが欠落しているのだ。そしてこの失われた切り返しショットが、思い詰めた表情で夜の桟橋に現われる女のクロースアップによって補塡される。観客は、この女が殺害シーンでその名を呼ばれたミルドレッドであることを知るにおよんで、彼女の悲嘆の原因がさきほどの事件にあるにちがいないと推測する。これがフェミニストたちの主張するところの嘘の編集である。巧妙に計算されたキャメラワークと入念な編集によって、

⑧

⑨

⑩

観客は殺人犯があたかもミルドレッドそのひとであるかのように錯覚させられるのだ。

この映画冒頭の嘘の編集によって、殺人をめぐる謎は「だれがやったのか」という問いから、ただちに「なぜ彼女は夫を殺したのか」という問いへと鋳直される。それゆえ事件以後、映画の大部分をしめるミルドレッドの語り（フラッシュバック／回想）は、殺害の動機をめぐっての告白ということになる。しかし、とフェミニストたちは主張する、これこそ女を文字通りフレームアップする（罪に陥れる）フレーム（枠組み）なのだと。大部分の観客は、映画の終わり近くまでミルドレッドが夫殺しの犯人なのだと誤解しつづける。幕切れ近くになってはじめて、彼女の「深夜の告白」が娘をかばうための嘘だったことに観客は気づき（ただし最初に嘘をついたのはミルドレッドではなく、映画そのものであるが）、それゆえ冒頭のシークェンスもまた巧妙に仕組まれた罠だったことに思いいたる。そして鋭敏な観客なら、この罠にいともたやすく嵌まっていた自分自身の女性観の欠陥に気づかされるかもしれない。

映画はフラッシュバックによって擬似円環構造を獲得する。最初に不完全に提示された殺害シーンは、最後になってもう一度正しく再提示されるのだ（だれが真犯人であるか、すなわち「深夜の銃声」を発したのがだれであるのかはっきりわかるように、当初失われていた切り返しショットがフラッシュバックに織り込まれる――図⑪）。こうしてこの映画は、一見包み隠さずすべてを提示しているかにみえながら、冒頭の嘘の編集が最後になって正しく編集し直される偽りの映画だったということになる。冒頭の過ちは後に正され、真実が最後に明かされる映画だということになるのだ。

このことは実はフェミニストたちがいいもらした、同様のシーンについてもあてはまる。そのシーンはやはり『深夜の銃声』の冒頭部にある。ミルドレッドが前夫の元

⑪

⑫

⑬

⑭

共同経営者とナイトクラブに入るシーンで、キャメラはふたりがドアをあけて席につくまでをとらえると、そのままだれともしらぬ客のあとを追うように画面左へパンし、酒場の奥で歌っている歌姫を遠景にとらえる（図⑫⑬⑭）。

このキャメラの動きはこれに先だつ鏡へのパン以上に不自然である。主演のふたりを画面外にのこしたまま、キャメラはだれともわからぬ歌姫を遠くにとらえる。わたしたちは物語とおよそなんの関係もない人物を、キャメラがなぜそこで視野におさめる必要があるのかと訝しく思う。これはなにかの編集ミスではないかとさえ思う。本来なら主要人物が席についたところでカットすべきところを、誤って余計なシーンまで入れてしまったのではないかと。しかしいやしくも物語の経済性を身上とするハリウッド映画に、無駄なシーンなど紛れ込むはずがない。事実、注意深い観客なら、この奇妙なシーンが映画の幕切れ近くでもう一度くりかえされることに気づくだろう。巻頭の殺害シーンが映画の幕切れでもう一度くりかえされるように、この一見不必要で些細な歌姫のシーンもまたエンディング近くで反復される。すなわちミルドレッドが別れた夫と連れ立って同じナイトクラブの同じ席につくと、画面の奥で歌っているのは、今度はかれらの愛娘であることがわかる（図⑮⑯⑰、次頁）。ミルドレッドが家計を切り詰め、夫と口論したあげく別居してまで娘に習わせた音楽のレッスンが、数年後あられもない衣装で男たちの熱い視線を浴びながら歌い踊る娘の姿に結晶するのである。この皮肉な、そして母親にとっては衝撃的なシーンが、実は映画冒頭の奇妙なキャメラワークのうちにすでに予見されていたのである。そのときはだれもがそれを訳のわからぬままただ受け容れるしかなかったのだが。

　こうしてわたしたちは、映画の序盤で理不尽な編集とキャメラワークのうちに投下されていたものが、終盤になってしかるべく回収されることを知る。映画はいったん

⑮

⑯

⑰

偽の犯人を仕立てながら、のちに真犯人を暴いてみせるし、最初、訳のわからぬシーンを導入しながら、最後にちゃんとそれを象徴的に説明してみせるのだ。そうすると『深夜の銃声』という映画は、後半部が前半部を復唱し、前半部と後半部が正確に折り重なりながら、あくまでも重点は後半部にあることになり、あやまてる前半部は正しい後半部をただ予告し準備しているにすぎなかったことになる。もつれ合い厚みをます前半のさまざまな謎と曖昧さは、後半すべて正しく縫合し直されるのである（もっとも、答えそれじたいは前半部の秘密のなかにあらかじめ組み込まれていたが）。

この映画の基本構造がそのようなかたちをとっているとすれば、戦時中の女性観客のために、ヒロインの自立と経済的成功を謳いあげるこの映画の前半部は、戦後の女性映画としてヒロインの経済的敗北と母親としての敗北（そして前夫とのゼロからの再出発）を提示する後半部を準備していたにすぎないことになる。『深夜の銃声』とは、その説話的構造においても主題論的展開においても、冒頭の過ちが最後に正され、真実と教訓が最後に示される映画だということになるのである。

最後の教訓

ゼロからの再出発は、フェミニストたちも指摘するように、エンディングの場面に集約的に表現される。夜明けとともに真実が明るみにだされ（フィルム・ノワールの黒い闇がおわり）、長かった「深夜の告白」をおえ、取り調べ室をでるミルドレッドを迎えるのは前夫である。*5

しかしふたりの愛娘はもはやかれらのもとにいない。長女は刑務所へゆくことになり、次女はすでに肺炎で亡くなっている。長女の象徴的な死と次女の現実の死の双方にミルドレッドは深くかかわっており、結局映画は彼女が母親として失格であったと宣告する（次女の死はミルドレッドが夫以外の男の腕に抱かれているときに起こる）。最愛の娘に裏切られた結果、娘との生活をささえるための経済的上昇はその意味を失い、事実ミルドレッドは二番目の夫に裏切られて経済的に失墜する（そもそも彼女が再婚したのは、最初の夫と離婚したのと同じ理由から——娘との幸せな生活のため——である）。彼女は夫と別れ、娘たちのために懸命に努力したあげくすべてを失う。のこったものは別れた前夫だけである（映画の冒頭で殺されたのは二番目の夫である）。夜明けの光とともに再登場する前夫は、もはや職とともに自信を失ったかつての弱い夫ではなく、ミルドレッドを真に愛することのできる男として光輝いて見える。そしてふたりは夜明けの光のもとで再出発を誓い合っているように見える（図⑱⑲）。

『深夜の銃声』が戦時中に製作され、戦後に公開されたという事実は、以上のような文脈において十二分に象徴的である。戦時中、女たちの夫はミルドレッドの前夫同様、不在を余儀なくされ、女たちは好むと好まざるとにかかわらず自立せねばならず、戦後はやはりそれを望むと望まざるとにかかわらず、戻ってくる夫を出迎えてやらねばならなかった。そして戻ってくる夫を、ことばのあらゆる意味で出迎えるというのが戦後社会の至上命令である以上、夫不在の時期に女たちがおこなったことは全否定されねばならないのである。

『深夜の銃声』のエンディングのこの戦後的結論の場面に、だめをおすのが法と正義の神殿たる警察署の玄関前にひざまずいているふたりの雑役婦である（図⑱）。油彩画から抜けでてきたかのような黒いシルエットの彼女たちは、朝日のもと再出発を誓う元夫婦のかたわらで、さながら過去の罪を洗い流すかのように大理石の床を磨いて

⑱

⑲

いる。彼女たちは罪を悔いる女たちであり、その罪とは、すなわち自立である。彼女たちはもはや両の足で立つことができずに、ひざまずいている。しかしなぜひとりではなく、ふたりの女なのか。その答えもまた映画の前半部にある。

このふたりの雑役婦は、ミルドレッドとその仕事仲間アイーダのいわば「悔い改めた」姿である。彼女たちはかつて男も羨む経済的上昇を達成し、高みから男たちを見下ろすポジションを獲得していた。男たちを見おろしながらも、なおかつ彼女たちが男たち（と観客）の性的視線の対象であったことは堪えがたい逆説としかいいようがないのだが、ともかく彼女たちはそれぞれかつては男たちを文字通り（映像通り）高みから見おろしていたのである（図⑳㉑㉒）。

「まるで台所で生まれたかのように、いつも台所にいて、台所を離れたのは結婚式の数時間だけだった」とミルドレッドは述懐する。夫と別れたのち、彼女は無一文の女給から、アイーダとともにレストラン・チェーンのオーナーにまでなるが、それは彼女の創意工夫と自助努力の成果以外のなにものでもない。そこに女性版アメリカン・ドリームがある。しかし彼女たちが社会的成功者となっても、彼女たちの居場所がレストランという台所の延長線上に限定されている以上、彼女たちの高みからの転落は男たちの裏切りによってあっけないほど早くやってくる。かつて男たちを相対的に足元にひざまずかせていた女たちは、映画の幕切れとともに法と秩序の番人たる警察署のまえでひざまずいている。『深夜の銃声』が、冒頭の過ちが最後に正され、真実と教訓が最後に示される映画だとすれば（わたしたちはそれを論証してきたつもりだが）、このことはあまりにも象徴的である。

　このふたりの雑役婦が強い逆光のなかに黒いシルエットとして浮かびあがっている理由もまた同じ論理から導きだされる（たしかに映画はまだフィルム・ノワール的な明

⑳

㉑

㉒

暗法の名残りをとどめている)。雑役婦の顔は影のなかに黒く塗りつぶされ、その結果、彼女たちはそこに個人として存在することを許されない。彼女たちは「彼女たち」であり、「雑役婦」という一般名詞としての女たちである。彼女たちには顔も名前もなく、謎の殺人事件に真実の光をもたらした男性刑事のいる法の殿堂の床をただもくもくと磨いている。拭き掃除という仕事もまた食事をつくるのと同様、伝統的に女性に委ねられてきた仕事(家事)のひとつではなかったか。

かつて自立していた女性たちは、この不可思議な映画のプロセスのなかで、まるで悪夢のような「嵐の一夜」が明けたのち(つまり大戦終結後)、ふたたび夫のもとへ、法と秩序の世界へ復帰することを要請されている。そしてそれはミルドレッドに感情移入しながら、このフィルムを女性映画として堪能していたつもりの当時の女性観客についてもいえることである。彼女たちもまた、暗い取り調べ室をでて夫とともに陽の光を浴びるミルドレッド同様、これから暗い映画館をでて、明るい陽の光のもとへ、夫のもとへ、合法的に彼女たちを所有する男たちのもとへと帰ってゆかねばならない。戦時中、奔放な女性映画を楽しんでいたことは忘れて、女嫌いのフィルム・ノワールの世界を経由して、ふたたび男性優位社会へと復帰しなければならないのだ。

ところでミルドレッドの夫殺しの容疑は最後に晴らされるが、最後まで晴らされないのは、彼女の母親としての責任の有無である。ミルドレッドは夫を殺さなかったが、夫を殺すような娘を育てなかっただろうか。この最後にのこされた問いは、まさにフィルム・ノワールと女性映画、そしてギャング映画（「年少犯罪もの」）という三つのジャンルの融合が産みだした問いであり、そのことによってまさにミルドレッドの夫への回収が動機づけられる。

男たちは女たちの自立になんとか歯止めをかけようと、手もちの戦略を動員する。そして男たちの最後の切札が母性愛、母娘の絆という神話である。悪女は家庭を顧みない悪い母親から産み落とされ、今次大戦のようにすべてを破壊しつくす。瓦礫の下から新たな再生を期すには、女は夫とともに幸せな家庭を築くほかない、そのようにこの戦後映画は主張している。

それにしても『深夜の銃声』が公開されたのが一九四五年十月だということを思いおこせば、ハリウッドの変わり身の早さ、戦時体制から戦後体制への転換のすばやさに驚かずにいられない。女性映画という、女性観客を対象にしたジャンル映画をつくりながら、そこには女性以外の他の社会的構成員の（端的にいってこの映画の男性製作者の）習慣と欲望が巧妙に織り込まれ、映画というこの社会的産物は女性がいかにあるべきかを教育しようとする。

ミルドレッドは自立し、経済的成功をおさめながら、その自立と成功の唯一の根拠であったはずの娘の愛をついに獲得することができず、結局、前夫のもとに帰るしかない。彼女の社会的成功は母子家庭の幸福のアリバイにすぎず、女が自分の幸福のためにだけ生きるということは、この時代ついに許されない。

ジャンル映画『深夜の銃声』がジェンダーをめぐるこうした多様なポリティクスの検証の場たりうるとすれば、ハリウッド映画の主人公はつねに時代の諸矛盾を一身に背負い、その社会的矛盾を個人的葛藤として生きながら、つねに時代に半歩だけ先駆けた退嬰的進取ぶりを体現しつづけることになるだろう。

注

＊1 See Andrea S. Walsh, *Women's Film and Female Experience 1940–1950* (New York: Praeger, 1984), pp. 123–31; Joyce Nelson, "*Mildred Pierce* Reconsidered," in Bill Nichols ed., *Movies and Methods Volume II* (Berkeley: University of California Press, 1985), pp. 450–58; Linda Williams, "Feminist Film Theory: *Mildred Pierce* and the Second World War," in E. Deidre Pribram ed., *Female Spectators: Looking at Film and Television* (New York: Verso, 1988), pp.12-30. およびパム・クック「父権社会からの〈退行〉――ミルドレッドの罪と敗北」（E・アン・カプラン編、水田宗子訳『フィルム・ノワールの女たち』所収、田畑書店）、pp. 99-121を見よ。

＊2 See Albert J. LaValley, "Introduction: A Troublesome Property to Script," in Albert J. LaValley ed., *Mildred Pierce* (Madison: The University of Wisconsin Press, 1980), pp. 9-53; Rudy Behlmer, *Inside Warner Bros. (1935-1951)* (New York: Simon&Schuster, 1985), pp. 254-61; Thomas Schatz, *The Genius of the System: Hollywood Filmmaking in the Studio Era* (New York: Pantheon Books, 1988), pp. 414-22.

＊3 加藤幹郎「映画史のレッスン」（『現代思想』一九九二年十月号）、二四三―五〇頁。

＊4 Nelson, pp. 450-52.

＊5 Nelson, p. 457; Williams, p. 28.

なお本章は一九九三年七月十一日、京都府京都文化博物館（京都朝日シネマ共催）でおこなわれた矢島翠氏との共同映画セミナーでの講演がもとになっている。

補遺　映画製作倫理規定

以下に挙げるのは、一九三〇年から一九六六年までのあいだにつくられたおよそありとあらゆるハリウッド映画を倫理的・政治的観点から強力に規制していた映画製作倫理規定（プロダクション・コードあるいはヘイズ・コード）の全文である。

本書の対象はもっぱらこの規定が有効であったころのハリウッド映画であるから、いままで日本ではごく部分的にしか紹介されていなかった（そしてそれゆえ誤解される傾向にあった）ように思われる映画製作倫理規定の全訳を以下に補遺として挙げておきたい。ただその前に、この倫理規定の成立をめぐる歴史的文脈を概観しておこう。

一九三四年から一九六八年までのあいだ、アメリカで映画を製作し、そしてそれを後顧の憂いなく円滑に上映したいと願う者はすべて撮影開始前に映画の脚本をPCA（映画製作倫理規定管理局）に提出し、そこでしかるべき判断をあおぎ、応ずべき修正要求には応じたうえで、映画完成後、一般公開の前にもう一度試写室でフィルムのチェックを受けねばならなかった。

ここで注意したいのは、会長の名をとってヘイズ・オフィスと呼ばれたMPPDA（アメリカ映画製作者配給者協会）とその下部組織PCA（映画製作倫理規定管理局あるいはブリーン・オフィス）とは、あくまでもハリウッドの自主検閲機構であったということである。つまり映画製作倫理規定は、ハリウッド映画産業界が連邦政府や宗教団体などからの外圧にわずらわされないですむように、産業界の自主性と独立性とを維持するために産みだされたものなのである。

わたしたちがこの時期につくられたアメリカ映画をさしてハリウッド映画というとき、それはもっぱらいわゆるビッグ・ファイブとリトル・スリーをあわせた大手八社（パラマウント、MGM［ロウズ］、ワーナー・ブラザーズ、二十世紀フォックス、RKO、ユニヴァーサル、コロムビア、ユナイティッド・アーティスツ）の各スタジオの製品＝作品のことをいっている。たとえば当時のMGM映画とワーナー映画の二本を見比べてみたとき、一見しただけでどのフィルムがどのスタジオでつくられたものかがわかるほど、それらははっきりとした弁別的特徴を備えている。しかしもし各社各様の製品＝作品に「ハリウッド映画」という統一的イメージをあたえうるものがあるとすれば、それがほかならぬ映画製作倫理規定（とPCAによるその厳格な運用）であろう。この倫理規定は「ハリウッド映画」では何が描けて、何が描けないかを言明し、何が好ましい主題であり、何が避けるべき主題であるかを作り手に教え、要するに映画製作上のポリシーをはっきりと宣言する。つまり表現と表象のしかるべきリミット内で各社の製品＝作品がつくられているかぎりで、それらはその外見上の差異にもかかわらず、等しく「ハリウッド映画」たりうるのである。

映画製作倫理規定は直接にはギャング映画にたいする批判牽制の目的で一九三〇年に公にされたが、かならずしも厳格に運用されたとはいいがたかった。それゆえ一九三四年、ハリウッドはカトリック団体によるボイコットか、それとも倫理規定の厳格な運用かの二者択一をせまられた結果、罰則規定をふくむＰＣＡの発足と権力強化によって倫理規定の完全実施を各界に約束することになる。そしてこのときヘイズによってＰＣＡのヘッドにすえられたのが保守界の大物ジョセフ・ブリーンであった。以後ハリウッド映画は、このブリーンの倫理規定解釈によって運営されたといってもいいだろう。つまりブリーンが倫理規定条項をどのように解釈し、そしてスタジオ側に対してどのような修正要求をつきつけたかによって、ハリウッド映画の輪郭は定まっていったのである（その具体的事例については本書第1章を参照されたい）。そして映画製作倫理規定は、一九五〇年代後半からのなしくずしの運用破綻から一九六六年の抜本的改訂そして一九六八年の廃棄とレイティング・システムへの移行にいたるまでの三十年以上にわたって、文字通りハリウッド映画を規定しつづけるのである。

ハリウッド映画はアメリカ合衆国においてユダヤ系新移民の新興産業として成立した。その産業界の保全機構の長に、旧移民の代表を任じたアイルランド系の武骨な共和党政治家ウィル・ヘイズと、さらに本来ならば圧力団体の側にいたであろうカトリック系ジャーナリスト、ジョセフ・イグナチウス・ブリーンを起用したという事実はここで改めて強調しておくべきだろう。このふたりはユダヤ的イデオロギー（もしそういうものがあるとすればだが）とはおよそ異なる立場に身をおいていたからこそ選ばれているのである。かれらはそれぞれブルジョワジー的価値観とローマ・カトリック的イデオロギーを代表する人物としてハリウッドから選ばれた。そしてヘイズとブリーンは、さまざまな圧力・検閲団体からハリウッドの権益を守る防波堤の役をはたしながら、同時にみずからの信念にもとづいてハリウッドの映画を純然たる娯楽映画として、つまり可能なかぎり親社会的で非政治的な、あたうかぎり「倫理的な」映画として調整してゆこうとするのである。最悪の場合でも毒にも薬にもならない娯楽を、最良の場合には保守的な社会教育を隠し味にした現実逃避の妙薬を提供するかぎりで、ハリウッド映画は自由に社会に流通することを許された。以下は、そのハリウッド映画の製作根拠となった規則の全文である（翻訳の底本としたのはGarth Jowett, *Film: Democratic Art*（Focal Press, 1976）に再録されたものだが、原文中の明らかな誤りは、それと断らずに訳文中で訂正した）。

映画製作倫理規定

前文

映画製作者は、全世界の人々から寄せられる信用と信頼の大きさを認識するものである。この信用と信頼があってこそ、映画は万国共通の娯楽となりえたのである。

この信用ゆえに、そしてまた娯楽と芸術が国民生活に深甚なる影響力を持つがゆえに、映画製作者は一般大衆に対する責任を痛感する。

映画は第一義的には娯楽であって、教化や宣伝のいかなる明白な目的も持たないが、映画が娯楽の範囲内で人々の精神的道徳的向上、より優れた社会生活のありかた、そして正しいものの考え方に対して直接の責任があることを、映画製作者は認めるものである。

サイレント映画からトーキー映画への急速な移行にともない、映画製作者はトーキー映画製作の基準となる規定に同意し、同時に、この機会にこの責任を公に認めるものである。

映画製作者としては、一般大衆とその指導者に対して、われわれの意図するところと問題を好意的に理解するとともに、協力的な態度をとることを望むものであり、それによってはじめて、映画製作者は映画を万人の健全な娯楽として、より一層高い水準に到達させるために必要な自由と機会を得ることができるのである。

一般原則

一、観客の道徳水準を低下させる映画は、これを製作してはならない。それゆえ決して観客を犯罪、悪事、邪悪もしくは罪悪に対して共感させてはならない。

二、劇や娯楽の要請の範囲内で、人生の正しい規範が示されなければならない。

三、自然法、実定法を問わず、法が軽んじられてはならない。また法を犯すことについて観客の共感を得てはならない。

I違法行為

法や正義をさしおいて犯罪に共感させたり、模倣したくなる気持ちを観客に起こさせるようなやりかたで犯罪を示してはならない。

一、殺人

(a)殺人の方法は、模倣願望を誘発しないやりかたで示さなければならない。

(b)残忍な殺人を詳細に示してはならない。
(c)現代における復讐を正当化してはならない。
二、犯罪の方法を明確に示してはならない。
(a)窃盗、強盗、金庫破り、および列車、鉱山、建物などの爆破は、その方法を詳細に示してはならない。
(b)放火も同様の配慮が必要である。
(c)小火器の使用は、必要最低限度にとどめなければならない。
(d)密輸の方法は、これを示してはならない。
三、麻薬の違法取引は、麻薬の使用や取引への好奇心を刺戟するようなやりかたで描写してはならない。また麻薬の違法な使用やその効果を詳細に示す場面は認められない(一九四六年九月十一日修正)。
四、筋立てや適切な性格描写のために必要でないかぎり、アメリカの生活での酒類の使用は、これを示さない。

Ⅱ性

結婚の制度ならびに家庭の神聖さを称揚しなければならない。低級な形での性的関係を受容されたものであるとか、あるいは普通のことであるかのように示唆してはならない。

一、姦通や不義密通は筋立ての材料として必要な場合もあるが、これを明確に描いたり、正当化したり、あるいは魅力的に示してはならない。

二、欲情の場面

(a)これは筋立てに必要不可欠である場合以外は導入してはならない。

(b)過剰で肉欲的なキス、肉欲的な抱擁、挑発的な姿勢や仕草を示してはならない。

(c)一般に欲情は低級で卑俗な情緒を刺戟しないように扱わなければならない。

三、誘惑やレイプ

(a)これらは常に暗示するにとどめ、しかも筋立てに必要な場合に限る。決して明確な方法によって示してはならない。

(b)これらは喜劇の題材としては適切ではない。

四、性的倒錯やそれを示唆することは禁じられる。

五、白人奴隷は、これを扱ってはならない。

六、異人種混交（黒人と白人の性的関係）は禁じられる。

七、性衛生と性病は、劇場用映画の題材としては好ましくない。

八、実際の出産場面は、そのままでもシルエットでも、決して示してはならない。

九、子供の性器は決して さらしてはならない。

Ⅲ下品な事柄

邪悪ではないにしても、低級で嫌悪感を催させる不快な題材は、常に良識に従い、観客の感性を尊重して扱わなければならない。

Ⅳ卑猥な事柄

卑猥な言葉、仕草、言及、歌、ジョーク、またはほのめかしは（たとえ観客の一部にしか理解されそうにない場合でも）、これを禁じる。

Ⅴ冒瀆

明白な冒瀆、およびあらゆる冒瀆的な表現や卑俗な表現は、いかなる場合でも、これを禁じる。

映画製作倫理規定管理局は、以下の語句を映画において用いることを認めない。ただし認められない語句は以下に限定されるものではない。

女性をさした場合の alley cat（身持ちの悪い女）、女性をさした場合の bat（ブス）、女性をさした場合の broad（浮気女）、Bronx cheer（あざけり、嘲笑を示すために両唇のあいだで舌を震わせてだす音）、chippie（売春婦）、cocotte（淫売）、God, Lord, Jesus, Christ（神を敬って用いられた場合は除く）、cripes（畜生）、fanny（女性性器）、fairy（ホモという意味で）、finger（男女いずれかを指しての侮蔑）、fire（「火事だ」という叫び声）、Gawd（なんてこった）、goose（まぬけ）、hold your hat（s）（最低）、女性をさして hot（さかりのついた）、in your hat（あほ）、louse（下司）、lousy（けがらわしい）、売春に関連した場合での Madam（売春宿の女将）、nance（めめしい男）、nerts（nuts に同じ）、気狂いという意味で使う場合を除いて nuts（きんたま）、pansy（おかま）、razzberry（嘲笑を示すために、両唇のあいだで舌を震わせてだす音）、女性をさした場合の slut（あばずれ女）、S.O.B.（野郎、畜生）、son-of-a（野郎、畜生）、tart（売春婦）、toilet gags（便所をめぐる冗談）、男性をさした場合の tom cat（助平）、traveling salesman and farmer's daughter jokes（紋切型の性的冗談［セールスマンに一夜の宿を貸した農家とそこの娘とのセックス］）、whore（売春婦）、damn, hell（くそったれ――最後の二語の場合、適切な歴史的文脈の中で歴史的事実や伝承に基づく場面や会話の描写、もしくは聖書その他の宗教的な引用や文学作品からの引用といった適切な文学的文脈における表現に必要欠くべからざるものと判断された場合は除く。ただし本質的に問題があったり、見る人に不快感を与えるような場合は認められない）。

映画製作倫理規定の第V条の執行にあたって、映画製作倫理規定管理局は、以下の語句がアメリカ合衆国の観客ならびに、とりわけ外国の観客にとって明らかに不快なものであるという事実を認めるものである。

Chink（中国人の蔑称）、Dago（スペイン系人の蔑称）、Frog（フランス人の蔑称）、Greaser（メキシコ人、スペイン系アメリカ人の蔑称）、Hunkie（ハンガリー生まれの労働者の蔑称）、Kike（ユダヤ人の蔑称）、Nigger（黒人の蔑称）、Spic（スペイン系アメリカ人の蔑称）、Wop（イタリア人の蔑称）、Yid（ユダヤ人の蔑称）

Ⅵ衣装

一、完全なヌードは、決して許可されない。これには実際のヌードおよびヌードのシルエット、あるいは映画の登場人物がそれらを節度なしに見る場面も含まれる。

二、脱衣の場面は避け、筋立てに必要な場合を除いては決して用いてはならない。

三、下品な露出、もしくは過度の露出は禁止される。

四、舞踊において過度の露出や下品な動作を可能にすることを意図した衣装は、これを禁じる。

Ⅶ舞踊

一、性行為や下品な欲情を暗示または表現する舞踊は禁止される。

二、下品な動作を強調する舞踊は卑猥とみなされる。

Ⅷ宗教

一、映画もしくはその一挿話は、いかなる宗教も嘲笑的に扱ってはならない。

二、聖職者は、聖職者として登場した場合には、滑稽な人物もしくは悪役として用いてはならない。

三、いかなる実在の宗教の儀式も、注意と敬意をもって扱わなければならない。

Ⅸ場面設定

寝室は、良識と節度をもって取り扱うこと。

Ⅹ国民感情

一、国旗は、常に敬意をもって使用すること。

二、すべての国家の歴史、制度、著名人物および一般市民は、公正に表現されること。

Ⅺタイトル

猥褻、下品、または卑猥なタイトルを使用してはならない。

XII嫌悪感を催す題材

以下の題材は、良識の範囲内で注意して扱うこと。

一、犯罪に対する法的処罰としての、絞首刑や電気椅子による処刑の実際の場面。

二、拷問。

三、残忍な行為および陰惨な場面。

四、人や動物に焼き印を押すこと。

五、子供や動物に対する明白に残酷な行為。

六、女性の人身売買、もしくは女性の売春。

七、外科手術。

映画製作倫理規定前文の根拠

一、劇場用映画、すなわち教会、学校、講演会会場、教育活動、社会改革運動などのために製作された映画ではなく、劇場での上映を意図して製作された映画は、第一義的には」娯楽とみなされる。

人間の肉体と魂の疲労回復にあずかる娯楽の重要性とその価値を人類は常に認識してきた。

しかし娯楽の中に人類にとって有益な性質のものと有害な性質のものとがあることも、また常に認められてきたところであり、それゆえ以下の二点は明確に区別されてきた。すなわち、

(a)国民の向上につながる娯楽、あるいは少なくとも現実の生活で消耗した人々を楽しませ疲れを癒す娯楽、および、

(b)人間を堕落させる娯楽、あるいは人生ならびに生活の水準を低下させる娯楽。

それゆえ娯楽が持つ道徳的重要性は広く認められてきたところである。娯楽は人々の人生に奥深く浸透し、密接に影響を及ぼし、余暇の時間に人々の精神や感情を占め、最終的には人生全体を左右する。ある人のひととなりは、その人の仕事の水準によってと同様、その人の娯楽の水準によっても判断されうる。

よって正しい娯楽は一国の水準全体をも高める。悪い娯楽は民族の生活状態および道徳的理想全体を低下させる。

一例をあげれば、野球やゴルフといった健全なスポーツには人々は健全な反応を示し、反対に闘鶏、闘牛、熊いじめなどのスポーツには不健全な反応を示すことをあげることができる。

また剣闘士の闘いやローマ時代の卑猥な劇などが古代国家に与えた影響を考えてみよ。

二、映画は芸術としてきわめて重要である。

映画は新しい芸術、おそらく複数の要素を組み合わせた芸術であるが、その目的とするところは他の芸術と同じである。すなわち人間の思想、情緒、経験を表現し、感覚を通じて魂に訴えかけるものである。

娯楽においてと同じく、芸術もまた人生の奥深く滲透するものである。芸術は人々の品位を高める、道徳的に良いものでありうる。良い音楽、優れた絵画、純粋な小説、詩、演劇などはこうした役割を果たしてきた。芸術はまたその効果の点で道徳的に邪悪なものでもありうる。このことは不潔な芸術、下品な書物、扇情的な演劇などに明白に認められる。それが人々の生活にどのような影響を与えるかは言をまたない。

注意・芸術自体は道徳外のものであり、道徳的に良くも悪くもないものだとしばしば論じられてきた。ある個人の精神の所産である作品についてはそうかもしれないが、作品を製作した際の作者の意図は、道徳的に良いか悪いかのいずれかである。加えて作品はそれに触れる人々に影響を与えるものである。これら二点において、すなわち一個人の精神の所産として、また受け手に明確な影響を及ぼす原因として、芸術は深い道徳的意義を持つものであり、間違いなく道徳的性質を持つものなのである。

それゆえ大衆に最も親しまれる芸術である映画は、それを製作する者の意図と観客の道徳的生活と反応への影響によって道徳的性質を持つ。これによって映画は非常に重要な道徳的性質を持つといえる。

一、映画はそれを媒体として思想や理想を表現する人間の道徳性を再現してみせる。

二、映画はスクリーンを通じてそうした思想や理想を吸収する人々の道徳的水準を左右する。映画の場合、この影響をとりわけ力説しておかなければならない。なぜなら他のいかなる芸術よりも映画は大衆に対して迅速かつ広範に訴えることができるからである。映画は信じ難いほどの短期間に大衆の芸術となってしまったのである。

三、映画は娯楽として重要であり、また世界中の人々から厚い信頼を寄せられているがゆえに、以下のような特別な道徳的責務を負っている。

A　たいていの芸術は成人に訴える。映画は、成年、未成年者、発達の度合い、遵法者、犯罪者を問わず、同時にあらゆる階級の人々に訴える。音楽には異なる階級のために異なる等級があり、文学や演劇もまた同様である。映画という芸術は、絵を見ることと物語を聞くことという二つの基本的な魅力を併せ持ち、一度にすべての社会階級に到達した。

B　フィルムの機動性と映画配給の容易さに加えて、ポジを大量に複製することが可能であるために、映画は他の芸術様式が届かない所にも到達する。

C　右の二つの事実から、特定の階級の人々だけを対象とする映画を製作することは困難である。映画を上映する劇場は、教養ある人々と無教養な人々、成年と未成年、分別ある人々、犯罪者などを含めて、すべての大衆のために建てられている。書物や音楽と違って、映画はある特定のグループだけを対象とすることが困難である。

D　したがって映画の題材には、書物の題材ほど広い自由が与えられることはできない。加えて、

(a)書物は事物を記述するが、映画は事物そのものを鮮明に呈示する。また書物は静止した紙面の上で表現されるが、映画は見たところ生きた人間によって表現される。

(b)書物は言葉を通じて精神に訴えかけるだけだが、映画は実際のできごとの再現によって目と耳に訴える。

(c)書物に対する読者の反応は多分にその人の想像力の鋭さによるが、映画に対する反応は表現の鮮明さの度合いによる。

E　このことは映画を新聞と比較した場合にもあてはまる。

(a)新聞は事物を記述し、映画は実際に映し出す。

(b)新聞は事実を追求し、物事を既に起こったこととして呈示するが、映画は事件をその生起する過程において一見現実であるかのように示す。

F 演劇において許されることが映画においてすべて許されるわけではない。なぜなら、

(a)映画の観客は数が多く、その結果さまざまな種類の人々が混交するからである。心理的に、観客はその数が多いほど集団として扇情に対する抵抗力が低下する。

(b)光を用いること、人物が大写しになること、事物がそのまま映し出されること、場面が強調されることなどを通じて、映画の物語は演劇よりも観客にとって身近に感じられるためである。

(c)映画俳優に対する熱狂や関心は歴史上類を見ないほど高く、そのために観客は概して俳優が演ずる登場人物や出演する物語に対して共感を抱いている。それゆえ観客は俳優と俳優が演じる登場人物とを混同する傾向が強く、好きなスターが演じる情緒や理想をそのまま受け容れがちである。

G 大都市圏に居住する人々は世慣れていて倫理的道徳的水準の点で他からの影響を受けにくくなっているが、小さな村落の人々はいかなる映画によってもたちまち影響を受けやすい。

H 大規模のセッティング、派手なアクション、スペクタクル的要素などは、観客の情緒的な面により強く働きかける。

概して映画は機動性があり、大衆に普及していて、容易に見ることができ、情緒的な訴求力が強く、鮮明で、事実をそのまま映し出すことなどの理由により、より多数の観客に直接に働きかけ、情緒により強く訴えかける。

それゆえ映画はより大きな道徳的責任を負っているのである。

映画製作倫理規定一般原則の根拠

一、観客の道徳水準を低下させる映画は、これを製作してはならない。それゆえ決して観客を犯罪、悪事、邪悪もしくは罪悪について共感させてはならない。

すなわち以下のような場合である。

1悪が魅力的あるいは魅惑的であるように見せられ、善がつまらなく見せられる場合。

2観客の共感が犯罪、悪事、邪悪、罪悪の側に寄せられる場合。また、善、名誉、潔白、清純もしくは正直に対して観客に反感を抱かせる映画の場合も同様である。

注意：罪を犯す人物に対する同情は、その人物が犯した罪や犯罪に対する共感と同じものではない。

われわれは殺人者の窮状に同情したり、罪を犯す原因となった状況を理解することさえできるかもしれないが、犯した悪事に共感することはできない。

悪を描くことは芸術、小説または演劇においてしばしば必要となる。それ自体は悪いことではないが、次の条件を満たさなければならない。

(a)悪が魅惑的に描かれないこと。たとえ映画の後半部分で悪が断罪されたり罰せられるとしても、それが魅力的に見えるあまり観客の情緒が悪を欲したり肯定したりした結果、それが後に断罪されていることが忘れられ、罪を犯すことが一見楽しいものであるという印象のみが残ってはならない。

(b)観客が終始確信をもって悪は間違いであり、善が正しいと感じること。

二、できる限り人生の正しい規範を示すべきである。

映画を通じて人生と生活について幅広い知識を得ることができる。正しい規範が一貫して示されるとき、映画は最大の影響力を持つ。そのような映画は人格を形成し、正しい理想を育み、正しい規律を教え、しかもこれらすべてを楽しい物語の枠内で行うのである。

映画が、一貫して高潔な人物を賞賛すべきものとし、人生に良い感化を与えるような話を描けば、映画は人類の向上のための最も強力で自然な力となることができる。

三、自然法、実定法を問わず、法が軽んじられてはならない。また法を犯すことについて観客を共感させてはならない。

自然法とは人類すべての心の中に刻まれた法のことであり、良心が命ずる正義と公正の偉大な根本原則である。

1しばしば筋の進行のためには、違法行為を描かねばならない場合がある。しかしそれを描くことで、法ではなく犯罪に、あるいは罰する者ではなく犯罪者に対して共感を抱かせてはならない。

2国の法廷を不公正なものとして示してはならないが、これは個々の法廷を不公正なものとして表現してはならないということを意味しない。また個々の裁判所官吏が不公正だということを表現してはならないということにもならない。しかしこうした表現の結果として国の司法機関がその威信を傷つけられてはならない。

具体的条項の根拠

一、罪や悪は人間の物語の中におのずと関わりを持つものであり、したがってそれ自体としては正当な劇的題材である。

二、この題材を用いるにあたっては、本質的に嫌悪感を与える罪と、しばしば魅力的に見える罪とを区別しなければならない。
(a)前者に属するのが、殺人、窃盗の大部分、多くの違法行為、虚言、偽善、残酷行為などである。
(b)後者に属するのは、性犯罪、盗賊団、大胆な窃盗、悪事や組織犯罪の首謀者となること、復讐などといった一見英雄的に見える罪や犯罪である。
前者に属する罪や犯罪は本来魅力的ではないので、その扱いにさほど注意を要しない。観客は本能的にこれらすべてを悪いこととみなし嫌悪する。したがって目的として重要なのは、観客、とりわけ感化されやすい年少者を、犯罪という概念および実際の犯罪行為に慣れさせることを避けることである。殺人、残酷な行為、残忍な行動、嫌悪感を招く犯罪などでさえも、頻繁に繰り返されれば人は慣れてしまうものである。

後者に属する犯罪は明らかに人の心を惹きつける魅力を持つため、扱いにより注意を要する。これについては以下に詳述する。
三、一般に配給されることを意図した映画と、限られた観客だけが入場できる劇場のための映画とを注意して区別すべきである。後者にとっては妥当このうえない主題や筋立ても、前者においては全く場違いで危険なものとなりうる。
注意：一般向けの劇場を使用しながら、映画の上映期間中、観客を「成人のみ」に制限するやりかたは完全に満足のゆく方法ではなく、部分的な効果しか持たない。しかし若年者には明らかに有害な筋立ての題材でも、成人はこれを容易に理解し害を被ることなく受け容れることができる。

それゆえ仮に成人観客専用の特別な種類の劇場ができ、そこでこのような性質の劇（問題のある主題、複雑な議論などを含み、大人向けの表現を含む劇）を上映することができれば、一般向け配給には不適切な場合でも、限定された観客には見せることのできる映画のための発表の場ができることになると思われる。

I違法行為

法に背く行為を扱う場合は、以下のことを避けなければならない。

一、犯罪の方法を教えること。

二、潜在的な犯罪者に模倣したい気持ちを起こさせること。

三、犯罪者を英雄視したり、正当化してみせること。

現代における復讐は、これを正当化してはならない。文明と道徳規律が発達していない国や時代の場面においては、場合により復讐を描いてもよい。特に復讐の原因となった犯罪を罰する法が存在しない所においては、これがあてはまる。

注意：映画製作倫理規定第I条第三項が監督委員会の決定によって修正され（一九四

六年九月十一日)、以下の条文が適用されことになった。

悪い結果をもたらすため、麻薬取引はいかなる形であれ、これを描いてはならない。麻薬取引の存在を観客に知らせてはならない。

酒類の使用を過度に描いてはならない。アメリカの生活の場面では、筋立てと適切な性格描写に必要な場合に限ってこれを行うことができる。この場合も適度な範囲にとどめること。

Ⅱ性

結婚と家庭の神聖さを尊重するために、三角関係、すなわち既婚者に対する第三者の恋愛の扱いには注意を要する。これを扱うことによって制度としての結婚に反感を抱かせてはならない。

欲情の場面は、人間の本性とその正常な反応を誠実に認識してこれを扱わなければならない。多くの場面は、映し出されれば未成年者、若者、あるいは犯罪者などに危険な情緒を惹き起こさずにはおかない。

清純な愛の範囲内でも、いくつかの事実が表現されるにふさわしくないことは広く立法者の認めるところである。不純な愛、すなわち社会が誤りとみなし、神の掟が禁じている愛の場合は以下の点が重要である。

一、不純な愛はこれを魅力的で美しいものとして示してはならない。
二、これを喜劇や笑劇の題材、または笑いの種として扱ってはならない。
三、これを観客の欲情や病的な好奇心を煽るようなやりかたで示してはならない。
四、これを正しいと思わせたり、許容されうるものと思わせてはならない。
五、一般にこれを詳細な方法や様式で扱ってはならない。第Ⅲ条の下品な事柄、第Ⅳ条の卑猥な事柄、および第Ⅴ条の冒瀆については、規則条文に示されている以上の説明を要しない。

Ⅵ衣装

一般原則

一、ヌードないしセミヌードが正常な男女、とくに若者や未成年者に悪影響を与えることは、すべての立法者と倫理学者が率直に認めるところである。
二、それゆえヌードやセミヌードが美しいとしても、それを映画で使用することが道徳的であることにはならない。というのは、美しさ以外にヌードやセミヌードが正常な個人に与える影響を考慮しなければならないからである。
三、ヌードやセミヌードを単に画面の「パンチ」を効かせるために用いることは、非道徳的行為に属する。それは平均的な観客に悪影響を与えるという点で非道徳的である。

四、ヌードは筋立てのために必要であるとは決して認められない。セミヌードが過度もしくは下品な露出につながってはならない。

五、透明または半透明の衣服素材やシルエットは、しばしば実際の露出よりも挑発的である。

Ⅶ舞踊

一般に舞踊は芸術として、また人間の情緒を表現する美的形式として認められている。しかし一人、二人、あるいはそれ以上、演ずる人数を問わず、性行為を暗示もしくは表現する舞踊、観客の劣情を煽ることを意図する舞踊、胸の動きを含む舞踊、両脚を固定して身体を過度に動かす動作などは公序良俗に反するものであり間違いである。

Ⅷ宗教

聖職者が滑稽な人物もしくは悪役として呈示されてはならないというのは、聖職者への態度が容易に宗教全般への態度となりうるからにほかならない。観客の聖職者への敬意が失われれば、観客の心の中における宗教の位置も低下する。

Ⅸ場面設定

ある種の場所は、非常に濃厚に性生活や性的罪悪を連想させるので、それらを映画において使用することは注意深く制限しなければならない。

Ⅹ国民感情

いかなる国家の正当な権利、歴史および感情も、注意深く配慮し、敬意をもって扱わなければならない。

Ⅺタイトル

映画のタイトルは映画という商品のブランド名に相当するものであるから、商業の誠実な倫理的慣行に従わなければならない。

Ⅻ嫌悪感を催す題材

このような題材も場合により筋立てのために必要となる。これを扱う際は、決して悪趣味となったり、観客の感情を害してはならない。

あとがき

本書は古典的ハリウッド映画についての書物である。うまくいったかどうか心許ないが、大戦前から戦後にかけての古典的ハリウッド映画の作家と作品と制度の関係を細部から浮かびあがらせようとしたものである。

本書に主役級で登場する映画監督は、フランク・キャプラとプレストン・スタージェス。荒唐無稽な喜劇映画で有名なハリウッドの超一流職人である。このふたりがあの抱腹絶倒の、しかも涙なしには見られないスクリューボール・コメディを量産していたのは、第二次大戦前夜から戦中にかけてである。激変する時代を境に、一方は喜劇映画からプロパガンダ映画へと転向し、他方は無償の喜劇映画をつくりつづけた。果たしてどちらが時代の正しい顔なのだろうか。本書は、時代の陰画と陽画を折り重ねながら、ハリウッドの自主検閲、陸軍による検閲、スタジオ首脳部の思惑、そして作家の意図の万華鏡をのぞくことになった。

そもそも今日、なんの予備知識もないかのごとく無邪気に一本のフィルムを見て楽しむことと、フィルムをもう一度それがつくられた時代の社会的・歴史的文脈のなかに戻して見ることとは、どう違うだろうか。わたしたちは映画を楽しく見ることから出発し、そしてつねにそこに立ち戻ってゆく。なんといっても、わたしたちの考察対象は明るく楽しいハリウッド映画なのだから。しかし、その出発点と到達点のあいだには大きな迂回路があり、つまるところ本書はその迂回路以外のなにものでもなかっただろう。

一本のフィルムを成立させるのは、ひとりの映画監督の天才でもなければ、スタジオ首脳部の専横でもなく、いわんや自主検閲機関の横槍でもない。撮影監督の才能や美術監督の経験でもなければ、主演俳優の人気でも演技でもない。一本のフィルムは、そうした多種多様の諸力の不思議な出遭いのうえにしか成立しない。つまるところ、それがポリティクスであり、本書は、そうしたあたりまえのことを物語ったにすぎない。

本書のいまひとりの主役は、いわずとしれたジョーン・クロフォードである。この大女優の新作をめぐって戦中から戦後にかけて、ある大手ハリウッド映画製作会社はおそるべき奸計をめぐらす。しかし、その奸計もまた必ずしもスタジオ首脳部の独断によるものとばかりはいいきれない。スクリーンに眼差しを注ぐわたしたち観客は、その不思議なフィルム・ノワールにいったい他のどのような諸力のネットワークを見てとれるであろうか。分析の過程でジャンルやジェンダーといった諸概念が歴史的前提とともに始動する。しかしポイントはあくまでも画面に何が見てとれるかということにある。

要するに本書は徹頭徹尾、見ることとのレッスンに終始している。なんといっても映画はそこに視線をそそぐべきものであるから。

そうしたフェミニスト的迂回のまえには、おそらく日本人はだれもその名を知らないあるひとりのアフリカン・アメリカン映画作家が登場する。彼は「時代の証言者」として本書に顔をだしたが、彼がいかにプロパガンダ映画監修者としてのフランク・キャプラと出遭い、そしていかにして当時の合衆国の隠然たる人種差別と折り合いをつけたかということも、本書の中心課題のひとつであった。なぜなら、わたしたちが本書でフィルムを見ながらおこなった脱構築（ディコンストラクション）的読解は、必ずしも歴史への視線を前提としないが、その読解の結果がふたたび証言者の物語る歴史的読解へと回付されなければ、次なる読みの回路へとわたしたちの視線が繋げられることはありえないからである。

ともかく本書は、公文書や書簡や証言といった多種多様な一次資料をつかいながらも、文字通り見ることでしか発見できないフィルムの優美なテクスチュア(肌理)とその生成過程を追ったものである。

あとはただもう読者諸賢が古典的ハリウッド映画のさらなる楽しみをスクリーン上に発見されることを祈るばかりである。

一九九六年二月二三日　京都にて　加藤幹郎

初出一覧

第1章　検閲と生成　スクリューボール・コメディ論……『カイエ・デュ・シネマ・ジャポン』（創刊準備0号、1号、2号［一九九一年三月、七月、十一月］）
第2章　喜劇映画作家がプロパガンダを撮るとき……『すばる』（一九九一年十月号）
第3章　雇われた黒人　カールトン・モス・インタヴュー……『イメージフォーラム』（一九九四年六月号）
第4章　ジャンルとジェンダー……『みすず』（一九九三年八月号）
補遺　訳し下ろし

本書に収めるにあたり初出論文には加筆をほどこした。

文庫版解説　種蒔かれた映画学

板倉史明

本書は、日本における映画学（フィルム・スタディーズ）の本格的なはじまりを高らかに告げる画期的な書物であり、あらたな研究領域を開拓しようとする胎動期の学問の興奮をいまに伝える映画学研究書として位置付けることができる。本書はもともと一九九六年に筑摩書房より刊行され、このたび二九年ぶりに文庫化された。著者の加藤幹郎氏（一九五七年生）は惜しくも二〇二〇年に六三歳の若さで急逝され、加藤氏が本文庫版を手にすることがかなわなかったのは痛恨の極みであるが、本文庫に収められたことで多くの読者の知的好奇心をふたたび揺さぶり、映画学の面白さをさらに広めてくれることは間違いない。

日本では映画雑誌における映画批評の伝統があり（現在まで続く『キネマ旬報』誌は一九一九年に創刊された）、映画・社会・観客のあいだを取り結ぶ重要な役割を担っていた。また、一九八〇年代には蓮實重彦氏責任編集による映画批評誌『季刊リュミエール』（筑摩書房）が、映画批評のひとつのスタイルとして大きな影響力を誇っていた。加藤氏も筑波大学大学院生時代にサミュエル・ベケットやジェイムズ・ジョイスの研究で頭角を現したあと、一九八〇年代から雑誌『イメージフォーラム』や『ユリイカ』などで映画批評家としても活躍していたが、一九八七年に京都大学助教授に就任したあとは、日本の大学において映画学をひとつの学問領域（ディシプリン）として確立するために尽力した映画研究者でもあった（加藤氏自身による詳細な経歴については『映画ジャンル論——ハリウッド映画史の多様なる芸術主義』［文遊社、二〇一六］の「人生の日々の経歴」を参照されたい）。

では映画批評家と映画研究者（映画学者）の違いはなんであろうか。加藤氏による美しい定義によればこうである。「映画批評家の仕事は、ひとにある特定の映画を見るように勧めることにあり、映画研究者の仕事は、それを見たにもかかわらず、そこで何ものかが不可視にとどまっていたことを指摘し、それがなぜ見えていなかったのか、その原因をテクストの歴史の双方に探ることにあると。映画批評家はひとを劇場へと駆りたて、映画研究家はひとを内省へと駆りたてる。」（『映画とは何か』［文遊社、二〇一五、二八—二九頁］）。

加藤氏は本書において映画批評家としての立場を禁欲的に抑えつつ、映画研究者として一九四〇年代の「古典的ハリウッド映画」のテクストの肌理《きめ》を、多様な一次資料とインタビューを活用しながら実証的に解明してゆく。第1章では、UCLAに所蔵されているプレストン・スタージェス監督の遺品を丁寧に調査することで、製作プロセスにおける監督と撮影所の対立や、ハリウッドの自主検閲組織であるヘイズ・オフィスと撮影所の火花散る交渉の様子を実証的に跡付けてゆく。ただし加藤氏がこの章の目的を生成批評とテクスト分析の融合だと述べているように、単なる映画製作プロセスという歴史の解明に終始することなく、交渉と検閲の結果生まれてしまった映画テクストの「瑕《きず》」を浮き彫りにする手際は見事でありスリリングだ。第2章ではフランク・キャプラ監督の戦時下のプロパガンダ映画製作について、アメリカ議会図書館や国立公文書館(NARA)の一次資料を読み解きつつも、最終的にはキャプラが監修し、黒人映画作家カールトン・モスが脚本を担当した『黒人兵(アメリカの黒人戦士)』(一九四四年)のテクスト分析へとつなげる。最終的に、黒人がアメリカ兵として戦うことを促進させる目的で作られた『黒人兵』が、「みずからの意志を裏切って曖昧な表情を露呈してしまう」瞬間、つまりプロパガンダ映画として失敗してしまった瞬間を見事にあぶりだすのである。第3章は八〇歳になったカールトン・モスへの貴重なインタビューであり、前章の議論を脚本家本人の言葉から補強し、映画研究におけるオーラル・ヒストリーの重要さを証明している(モスは原著刊行の翌年である一九九七年に亡くなった)。最後の章はジョーン・クロフォード主演の『深夜の銃声(ミルドレッド・ピアース)』(一九四五年)について、女性映画とフィルム・ノワールというふたつのジャンルのハイブリッドであると位置づけたうえで、ジェンダー論的観点から詳細なテクスト分析をほどこす。そのことを通じて、戦中に企画され、紆余曲折があった末に戦後直後に封切られた本作のなかに残る〝傷跡〟、換言すれば、諸力の葛藤としての「視線のポリティクス」を可視化することに成功している。本書の補遺として映画製作倫理規定(プロダクション・コード)の全訳が掲載されていることも、加藤氏の映画学発展のためには基礎資料を蓄積して学問の基盤を構築してゆくことが重要だという教育的配慮のあらわれだ。

実際、原著が刊行された翌年の一九九七年四月、加藤氏は所属する京都大学で映画学を学びたい大学院生を正式に受け入れはじめ、次世代を担う若手研究者が育ち始めた。本解説をいま執筆しているのは、その第一期生のひとりである。加藤ゼミでは毎週さまざまな文献を読んで議論した。一九七〇年代の古典的な映画理論も読んだし、映画学の巨星・ディヴィッド・ボードウェル氏の香港映画論や、計量的映画論を独自に開拓したバリー・ソルト氏の研究書も一緒に読んだ。毎回加藤先生(以下、このように呼ばせていただきたい)のゼミは緊張感に満ちた雰囲気で進められ、大学院生たちは胃が痛くなるような思いで準備したことを思い出すが、ゼミが終われば毎週のようにゼミ生を食事に誘ってくれ、場合によってはカラオケに行ったりもする気さくな先生でもあった。加藤先生は同じ一九九七年秋に、第一回京都映画祭の企画委員を担当し、先述したボードウェル氏や、当時ロカルノ映画祭ディレクターだったマルコ・ミュレール（ミュラー）氏、そして蓮實重彥氏や山根貞男氏など、そうそうたる研究者・批評家を集めて時代劇に関するシンポジウムをコーディネートしたことからも、加藤先生がスタートしたばかりの映画学を盛り上げようとする熱意が感じられる。

加藤先生と筆者は同じ九州出身だったことや、ともに筑波大学の比較文化学類に進学したこと、そして加藤先生の大学院時代の友人が私の卒論の指導教員であったこともあり、お互い親近感を感じ、終始穏やかな師弟の関係が続いた。筆者は博士論文を書き上げたあと、二〇〇五年に国立映画アーカイブ（当時は東京国立近代美術館フィルムセンター）に就職し、二〇一一年からは神戸大学に移ったが、関西に戻ってからは、加藤先生から数年に一度、不意打ちのようにメールが届き、「ビリヤードしようぜ」とお誘いくださったり（私の調子が良くうっかりゲームに勝ちそうになったので、最後の最後でわざとミスショットをして加藤先生に勝っていただいたことを執筆しながら思い出した。筆者をわざわざ誘ってくれた師匠にどうして勝つことができようか）、突然、明石の海を見に行こうとお誘いがあり、誰もいない季節外れの明石海岸を二人で歩いたこともある。何か大事な話でもあるのかと思い緊張しながら歩いたが、加藤先生は持参されたラップに包まれたおにぎりを差し出され堤防で一緒にいただいただけで、ごく普通の日常会話をしただけであった。本当に海を見たかったんだなと納得した思い出もある。それからほどない二〇一五年、加藤先生は京都大学を早期退職され、九州へ戻ってゆかれた。先生はしばしば、「生まれ故郷のような海が見える町に住みたい」とか、「歳を重ねてくると、九州にもう一度住みたくなるなあ」と仰っていたので、その夢を現実のものにされたのだと思った。最後にお会いしたのは、その後、福岡の映画祭を訪れたときに中洲の屋台でラーメンを一緒に食べたときであった。

加藤先生が大学院での映画学教育を開始して五年目の二〇〇二年、研究者のコミュニティが徐々に盛り上がり、若手研究者も育ちつつあったときに、加藤先生は映画学の未来について次のように書いている。「映画学は人文社会科学における新しい領域である。映画学に限らず、新しい学問を担う者のメリットは、広大な研究領域が手つかずのままのこされているところにある。先行研究が山とあるジョイスやシェイクスピアで、今後、世界を震撼させるだけの新しい発見がなされるかどうかにも心もとないかぎりだが、こと映画学にかんするかぎり、若手研究者が力を発揮する十分な余地が残されている。」（『映画の領分——映像と音響のポイエーシス』［フィルムアート社、二〇〇二、一二頁］）。この言葉からも、加藤先生がご自身の研究のことだけでなく、映画学研究のコミュニティの発展と、次世代に活躍する若手研究者の成長を願っていることが分かるだろう。加藤先生は、このあとも映画学コミュニティの発展のために多くの著作を生み出した。なかには『『ブレードランナー』論序説』（筑摩書房、二〇〇四）において、加藤先生が常に敬愛していたロラン・バルトのようにテクスト的な快楽を追求しながら、一本の映画作品を徹底的に論じつくした唯一無二の力作も発表している。二〇〇五年には映画学コミュニティの議論と結束を深めるために日本映画学会の立ち上げに尽力し、初代会長に就任した。

本書の刊行から二九年が経った二〇二五年現在、加藤先生が蒔いた種は着実に実を結び、映画学研究者のコミュニティは着実に成長し、充実した研究成果が日々発表されている。いまも映画学は研究のフロンティアであり、まだまだ前人未到のテーマにあふれている。二九年前の筆者と同じように、映画学に興味をもった多くの若者たちが本書を手に取り、映画研究の面白さと奥深さに驚嘆し、魅了されることを願ってやまない。

（いたくら・ふみあき　神戸大学大学院国際文化学研究科教授）

や行

闇の逃避行　*Bon Voyage*（1944，アルフレッド・ヒッチコック）　82
有閑婦人　*Ladies of Leisure*（1930，フランク・キャプラ）　96
陽気な踊子　*The Matinee Idol*（1928，フランク・キャプラ）　104

ら行

ラインの監視　*Watch on the Rhine*（1943，ハーマン・シャムリン）　90
ロシアの戦い　*The Battle of Russia*（1943，フランク・キャプラ，アナトール・リトヴァク共同監督）　84
ローラ殺人事件　*Laura*（1944，オットー・プレミンジャー）　182

わ行

わが谷は緑なりき　*How Green was My Valley*（1941，ジョン・フォード）　102
若者は荒れる　*Youth Runs Wild*（1944，マーク・ロブスン）　178
我が家の楽園　*You Can't Take It with You*（1938，フランク・キャプラ）　95, 100

ズ） 123
光よあれ *Let There Be Light*（1945，ジョン・ヒューストン） 82
非行に走る娘たち *Delinquent Daughters*（1944，アルバート・ハーマン） 90, 177
美人は人殺しがお好き *The Mad Miss Manton*（1938，リー・ジェイスン） 28
フィラデルフィア物語 *The Philadelphia Story*（1940，ジョージ・キューカー） 48
フランス人、かれらはおかしな人種だ *French, They Are a Funny Race*（1957，プレストン・スタージェス） 18
プラチナ・ブロンド *Platinum Blonde*（1931，フランク・キャプラ） 97
分割と征服 *Divide and Conquer*（1943，フランク・キャプラ，アナトール・リトヴァク共同監督） 83
崩壊 *Smash-Up*（1947，スチュアート・ハイスラー） 120, 153

ま行

マイクの愛のために *For the Love of Mike*（1927，フランク・キャプラ） 95
魔女の宅急便（1989，宮崎駿） 123
マダガスカルの冒険 *Aventure Malgache*（1944，アルフレッド・ヒッチコック） 82
マルタの鷹 *The Maltese Falcon*（1941，ジョン・ヒューストン） 83, 171
未成年の娘たち *Girls under 21*（1940，マックス・ノセック） 175
緑の牧場 *Green Pastures*（1936，ウィリアム・キーリー） 145
ミニヴァー夫人 *Mrs. Miniver*（1942，ウィリアム・ワイラー） 82
メンフィス・ベル *The Memphis Belle*（1944，ウィリアム・ワイラー，ジョン・スタージェス共同監督） 82

中国の戦い　*The Battle of China*（1944，フランク・キャプラ，アナトール・リトヴァク共同監督）　84
チュニジアの勝利　*Tunisian Victory*（1945，フランク・キャプラ，ロイ・ブールティング共同監督）　84
デッド・エンド　*Dead End*（1937，ウィリアム・ワイラー）　174, 175
東京ジョー　*Tokyo Joe*（1949，スチュアート・ハイスラー）　120, 153
逃走迷路　*Saboteur*（1942，アルフレッド・ヒッチコック）　82, 86
独裁者　*The Great Dictator*（1940，チャールズ・チャップリン）　94
毒薬と老嬢　*Arsenic and Old Lace*（1941，フランク・キャプラ）　22, 23, 30, 79, 80, 100, 101

な行

ナチスの攻撃　*The Nazis Strike*（1943，フランク・キャプラ，アナトール・リトヴァク共同監督）　83, 103
ナチス・スパイの告白　*Confessions of a Nazi Spy*（1939，アナトール・リトヴァク）　104
懐かしのモントレーで　*In Old Monterey*（1939，ジョセフ・ケイン）　92
呑気な商売　*That Certain Thing*（1928，フランク・キャプラ）　96

は行

バターンを奪回せよ　*Back to Bataan*（1944，エドワード・ドミトリク）　88
初恋　*The First Love*（1939，ヘンリー・コスター）　71
バートン・フィンク　*Barton Fink*（1991，ジョエル・コーエン）　102
バルカン超特急　*The Lady Vanishes*（1938，アルフレッド・ヒッチコック）　82
パワーズ・オブ・テン　*Powers of Ten*（1968，チャールズ・イーム

シャーロック・ホームズと戦慄の声　*Sherlock Holms and the Voice of Terror*（1942，ジョン・ローリンズ）　87
シャーロック・ホームズ，ワシントンに現わる　*Sherlock Holms in Washington*（1943，ロイ・ウィリアム・ニール）　87
十二月七日　*December 7th*（1943，ジョン・フォード）　115
自由への戦い　*This Land Is Mine*（1943，ジャン・ルノワール）　83, 88
淑女イヴ　*The Lady Eve*（1941，プレストン・スタージェス）　26〜28, 33, 38, 43, 48, 53, 56〜59, 64, 66, 67, 73
少年裁判所　*Juvenile Court*（1938，D・ロス・レダーマン）　174, 175
深夜の告白　*Double Indemnity*（1944，ビリー・ワイルダー）　27, 58, 169, 170, 181, 182, 186, 191
深夜の銃声　*Mildred Pierce*（1945，マイケル・カーティス）　6, 168〜170, 172, 178, 180〜184, 186, 187, 190〜193, 195, 197, 198
ステラ・ダラス　*Stella Dallas*（1937，キング・ヴィダー）　27
素晴らしき休日　*Holiday*（1938，ジョージ・キューカー）　26
スミス都へ行く　*Mr. Smith Goes to Washington*（1939，フランク・キャプラ）　77, 95, 100, 108, 129
戦争がアメリカにやってくる　*War Comes to America*（1945，フランク・キャプラ他）　84
戦争への序曲　*Prelude to War*（1942，フランク・キャプラ，アナトール・リトヴァク共同監督）　83, 103, 124, 127
空飛ぶ虎　*Flying Tigers*（1943，デイヴィッド・ミラー）　118

た行

たそがれの女　*Forbidden*（1932，フランク・キャプラ）　98
戦うサリヴァン兄弟　*The Sullivans*（1944，ロイド・ベイコン）　116
チャップリンの殺人狂時代　*Monsieur Verdoux*（1947，チャールズ・チャップリン）　98

鎖につながれた娘たち　*Girls in Chains*（1943，エドガー・G・ウルマー）　90, 177
黒い罠　*Touch of Evil*（1958，オーソン・ウェルズ）　22
軍事安全広報　*Safeguarding Military Information*（1941，プレストン・スタージェス）　33
群衆　*Meet John Doe*（1942，フランク・キャプラ）　26, 29, 30, 39, 46, 79, 93, 95, 97, 100, 108, 127, 129, 130
結婚五年目　*The Palm Beach Story*（1942，プレストン・スタージェス）　19, 43, 48
黒人兵　*The Negro Soldier*（1944，スチュアート・ハイスラー）　36, 37, 84, 112〜116, 118〜122, 140, 146, 147, 153, 154, 157〜160, 162
国民の創生　*The Birth of a Nation*（1915，D・W・グリフィス）　37

さ行

殺人幻想曲　*Unfaithfully Yours*（1948，プレストン・スタージェス）　19
サハラ戦車隊　*Sahara*（1943，ゾルタン・コルダ）　88
サリヴァンの旅　*Sullivan's Travels*（1941，プレストン・スタージェス）　17〜19, 21, 38〜40, 42, 43, 48
サンセット大通り　*Sunset Boulevard*（1950，ビリー・ワイルダー）　40
サンダーボルト　*Thunderbolt*（1945，ウィリアム・ワイラー，ジョン・スタージェス共同監督）　82
サン・ピエトロの戦い　*The Battle of San Pietro*（1945，ジョン・ヒューストン）　82
死刑執行人もまた死す　*Hangmen Also Die*（1943，フリッツ・ラング）　88
七月のクリスマス　*Christmas in July*（1940，プレストン・スタージェス）　27, 43
シャイニング　*The Shining*（1980，スタンリー・クブリック）　123

奥様は魔女　*I Married a Witch*（1942，ルネ・クレール）　48, 119
オペラ・ハット　*Mr. Deeds Goes to Town*（1936，フランク・キャプラ）　29, 30, 95, 100, 111, 129
汚名　*Notorious*（1942，アルフレッド・ヒッチコック）　86

か行

海外特派員　*Foreign Correspondent*（1940，アルフレッド・ヒッチコック）　82
凱旋英雄万歳　*Hail the Conquering Hero*（1944，プレストン・スタージェス）　33～35, 40～44, 47～52, 90
カサブランカ　*Casablanca*（1942，マイケル・カーティス）　101, 169
飾窓の女　*The Woman in the Window*（1944，フリッツ・ラング）　182
風と共に去りぬ　*Gone with the Wind*（1939，ヴィクター・フレミング他）　152
ガラスの鍵　*The Glass Key*（1942，スチュアート・ハイスラー）　120, 152
奇蹟の処女　*The Miracle Woman*（1931，フランク・キャプラ）　97
義務不履行の両親　*Delinquent Parents*（1938，ニック・グリンデ）　177
きみたちの敵を知れ　ドイツ篇　*Know Your Enemy: Germany*（1945，フランク・キャプラ他）　84, 114
きみたちの敵を知れ　日本篇　*Know Your Enemy: Japan*（1945，フランク・キャプラ，ヨリス・イヴェンス共同監督）　84, 114
きみたちの同盟国を知れ　*Know Your Ally*（1945，フランク・キャプラ他）　84
救命艇　*Lifeboat*（1944，アルフレッド・ヒッチコック）　82
教授と美女　*Ball of Fire*（1941，ハワード・ホークス）　26, 71
狂乱のアメリカ　*American Madness*（1932，フランク・キャプラ）　98

映画題名索引

映画題名は左より邦題、原題の順。（　）内は製作ないし公開年、監督名。

あ行

哀愁　*Waterloo Bridge*（1940，マーヴィン・ルロイ）　32

赤ちゃん教育　*Bringing Up Baby*（1938，ハワード・ホークス）　28

当たりっ子ハリー　*The Strong Man*（1926，フランク・キャプラ）　93, 94, 129

あの夜を思いだして　*Remember the Night*（1940，ミッチェル・ライセン）　27

危ない橋をわたりながら　*Dangerously They Live*（1942，ロバート・フローリー）　186

アリューシャン列島からの報告　*Report from the Aleutians*（1943，ジョン・ヒューストン）　82

或る夜の出来事　*It Happened One Night*（1934，フランク・キャプラ）　22, 23, 26, 71, 76, 95, 97, 100

生きるべきか死すべきか　*To Be or Not to Be*（1942，エルンスト・ルビッチ）　35

偉大なるマッギンティ　*The Great McGinty*（1940，プレストン・スタージェス）　27, 43

一日だけの淑女　*Lady for a Day*（1933，フランク・キャプラ）　99

一番美しく（1944，黒澤明）　99

失はれた地平線　*Lost Horizon*（1937，フランク・キャプラ）　99

渦巻く都会　*The Power of the Press*（1928，フランク・キャプラ）　96

英国の戦い　*The Battle of Britain*（1943，フランク・キャプラ他）　83

おい、ジョン・ドウ　*You, John Doe*（マーヴィン・ルロイ）　32

本書は、一九九六年九月五日に筑摩書房より刊行された。

バルトーク音楽論選
ベーラ・バルトーク
伊東信宏／太田峰夫訳
中・東欧やトルコの民俗音楽研究、同時代の作曲家についての批評など計15篇を収録。作曲家バルトークの多様な音楽活動に迫る文庫オリジナル選集。

古伊万里図鑑
秦　秀　雄
魯山人に星岡茶寮を任され柳宗悦の蒐集に一役買った稀代の目利き秦秀雄による究極の古伊万里鑑賞案内。限定五百部の稀覯本を文庫化。（勝見充男）

新編 脳の中の美術館
布　施　英　利
「見る」に徹する視覚と共感覚に訴える視覚。ヒトの二つの視知覚形式から美術作品を考察する、芸術論へのまったく新しい視座。（中村桂子）

秘密の動物誌
フォンクベルタ／フォルミゲーラ
荒俣宏監修
管啓次郎訳
光る象、多足蛇、水面直立魚——謎の失踪を遂げた動物学者によって発見された「新種の動物」とは。世界を騒然とさせた驚愕の書。（茂木健一郎）

ブーレーズ作曲家論選
ピエール・ブーレーズ
笠羽映子編訳
現代音楽の巨匠ブーレーズ。彼がバッハ、マーラー、ケージなど古今の名作曲家を個別に考察した音楽論14篇を集めたオリジナル編集。

図説　写真小史
ヴァルター・ベンヤミン
久保哲司編訳
写真の可能性と限界を考察し初期写真から同時代の作品まで通観した傑作エッセイ「写真小史」と、関連の写真図版・評論を編集。（金子隆一）

フランシス・ベイコン・インタヴュー
デイヴィッド・シルヴェスター
小　林　等　訳
二十世紀を代表する画家ベイコンが自身について語った貴重な対談録。制作過程や生い立ちのことなど。『肉への慈悲』の文庫化。（保坂健二朗）

ニューメディアの言語
レフ・マノヴィッチ
堀　潤　之　訳
新旧メディアの連続と断絶。犀利な視線でニューメディアの論理を分析し、視覚文化の変貌を捉える。マクルーハン以降、最も示唆に富むメディア史。

花鳥・山水画を読み解く
宮　崎　法　子
中国絵画の二大分野、山水画と花鳥画。そこに託された人々の思いや夢とは何だったのか。豊饒な作品世界を第一人者が案内する。サントリー学芸賞受賞。

〈日本美術〉誕生　佐藤道信

「日本美術」は明治期、「絵画」他多くの用語とともに産みだされた概念だ。近代国家として出発した時代の思想と機構に切り込む先鋭的書。（北澤憲昭）

絵画空間の哲学　佐藤康邦

ルネッサンスが生みだした遠近法。東洋や日本の表現とも比較しつつ、絵画技法という枠を超え、その真の世界観的意義を掬いだす。（小田部胤久）

グレン・グールド　孤独のアリア　ミシェル・シュネデール　千葉文夫訳

鮮烈な衝撃を残して二〇世紀を駆け抜けた天才ピアニストの生と死と音楽を透明なタッチで描く、最もドラマティックなグールド論。（岡田敦子）

民藝の歴史　志賀直邦

モノだけでなく社会制度や経済活動にも美しさを求めた柳宗悦の民藝運動。「本当の世界」を求める若者達のよりどころとなった思想を、いま振り返る。

シェーンベルク音楽論選　アーノルト・シェーンベルク　上田昭訳

十二音技法を通して無調音楽へ――現代音楽への扉を開いた作曲家・理論家が、自らの技法・信念・つきあげる表現衝動に向きあう。（岡田暁生）

20世紀美術　高階秀爾

混乱した二〇世紀の美術を鳥瞰し、近代以降、現代すなわち同時代の感覚が生み出した芸術が、われわれにとって持つ意味を探る。増補版、図版多数。

世紀末芸術　高階秀爾

伝統芸術から現代芸術へ。19世紀末の芸術運動には既に抽象芸術や幻想世界の探求が萌芽していた。新時代への美の冒険を捉える。（鶴岡真弓）

鏡と皮膚　谷川渥

「神話」という西洋美術のモチーフをめぐり、芸術の認識論的隠喩として二つの表層を論じる新しい身体論・美学。鷲田清一氏との対談収録。

肉体の迷宮　谷川渥

あらゆる芸術表現を横断しながら、捩れ、歪み、時には傷つき、さらけ出される身体と格闘した美術作品を論じる著者渾身の肉体表象論。（安藤礼二）

三島由紀夫 薔薇のバロキスム 谷川渥

内面と外面、精神と肉体の対比、作品を彩る植物的イメージ……三島の美意識が自死へと収束される過程をスリリングにたどる画期的評論。書下ろし。

武満徹 エッセイ選 小沼純一編

稀代の作曲家が遺した珠玉の言葉。作曲秘話、評論、文化論など幅広いジャンルを網羅したオリジナル編集。武満の創造の深遠を窺える一冊。

高橋悠治 対談選 高橋悠治 小沼純一編

現代音楽の世界的ピアニストである高橋悠治。その演奏のような研ぎ澄まされた言葉と、しなやかな姿が味わえる一冊。学芸文庫オリジナル編集。

モーツァルト 礒山雅

彼は単なる天才なのか？ 最新資料をもとに知られざる真実を掘り起こし、人物像と作品に新たな光をあてる。これからのモーツァルト入門決定版。

増補 現代美術逸脱史 千葉成夫

具体、もの派、美共闘……。西欧の模倣でも伝統への回帰でもない、日本現代美術の固有性とは。鮮烈な批評にして画期的通史、増補決定版！（光田由里）

限界芸術論 鶴見俊輔

盆栽、民謡、言葉遊び……芸術と暮らしの境界に広がる「限界芸術」。その理念と経験を論じる表題作ほか、芸術に関する業績をまとめる。（四方田犬彦）

ダダ・シュルレアリスムの時代 塚原史

人間存在が変化してしまった時代の〈意識〉を先導する芸術家たち。二十世紀思想史として捉えなおす、衝撃的なダダ・シュルレアリスム論。（巖谷國士）

奇想の系譜 辻惟雄

若冲、蕭白、国芳……奇矯で幻想的な画家たちの大胆な再評価で絵画史を書き換えた名著。度肝を抜かれる奇想の世界へようこそ！（服部幸雄）

奇想の図譜 辻惟雄

北斎、若冲、写楽、白隠、そして日本美術を貫く奔放な「あそび」の精神と「かざり」への情熱。奇想から花開く鮮烈で不思議な美の世界。（池内紀）

ジョン・ケージ 著作選　ジョン・ケージ　小沼純一 編

卓越した聴感を駆使し、音楽に革命を起こしたケージ。本書は彼の音楽論、自作品の解説、実験的な文章作品を収録したオリジナル編集。

監督 小津安二郎〔増補決定版〕　蓮實重彥

小津映画の魅力は何に因るのか。人々を小津的なものの神話から解放し、現在に小津を甦らせた画期的著作。一九八三年版に三章を増補した決定版。

ハリウッド映画史講義　蓮實重彥

「絢爛豪華」の神話都市ハリウッド。時代と不幸な関係をとり結んだ「一九五〇年代作家」を中心に、その崩壊過程を描いた独創的映画論。（三浦哲哉）

ゴダール 映画史(全)　ジャン＝リュック・ゴダール　奥村昭夫 訳

空前の映像作品「映画史 Histoire(s) du cinéma」のルーツがここに！ 一九七八年に行われた連続講義の記録を全一冊で文庫化。（青山真治）

映像のポエジア　アンドレイ・タルコフスキー　鴻英良 訳

うちに秘めた理想への郷愁――。映画の可能性に応える詩的論理とは何か。映像の詩人がおよそ二十年に及ぶ思索を通し、芸術創造の意味を問いかける。

増補 シミュレーショニズム　椹木野衣

恐れることはない、とにかく「盗め！」。独自の視点より、八〇／九〇年代文化を分析総括し、多くのシーンに影響を与えた名著。（福田和也）

ゴシックとは何か　酒井健

中世キリスト教信仰と自然崇拝が生んだ聖なるかたち。その思想をたどり、ヨーロッパ文化を読み直す。補遺としてガウディ論を収録した完全版。

卵のように軽やかに　エリック・サティ　秋山邦晴／岩佐鉄男 編訳

音楽史から常にはみ出た異端者として扱われてきたサティとは何者？ 時にユーモラス、時にシニカルなエッセイ・詩を精選。（巻末エッセイ 高橋アキ）

湯女図　佐藤康宏

江戸の風呂屋に抱えられた娼婦たちを描く一枚のミステリアスな絵。失われた半分には何が描かれていたのか。謎に迫り、日本美術の読み解き方を学ぶ。

ちくま学芸文庫

映画《えいが》　視線《しせん》のポリティクス
古典的《こてんてき》ハリウッド映画《えいが》の戦《たたか》い

二〇二五年五月十日　第一刷発行

著者　加藤幹郎（かとう・みきろう）
発行者　増田健史
発行所　株式会社　筑摩書房
東京都台東区蔵前二―五―三　〒一一一―八七五五
電話番号　〇三―五六八七―二六〇一（代表）
装幀者　安野光雅
印刷所　三松堂印刷株式会社
製本所　三松堂印刷株式会社

ISBN978-4-480-51299-4 C0174